Anne Sophie Winkelmann

MACHT-GESCHICHTEN

Ein Fortbildungsbuch
zu Adultismus
für Kita, Grundschule
und Familie

Deutsches Rotes Kreuz

edition claus
Der Verlag mit dem Drachen.

Inhaltsverzeichnis

Einleitung

In vielen ganz gewöhnlichen, fröhlichen Kinderbüchern finden sich Spuren eines verletzenden, gewaltvollen Verhaltens von Erwachsenen gegenüber Kindern. Ganz selbstverständlich und oftmals unbemerkt.

Genau wie im Alltag fast aller Kinder!

Manchmal schreien Erwachsene Kinder an, bestrafen, belohnen oder belächeln sie. Sie sagen „Mach nicht so ein Theater“ oder „Ich zähle bis drei...“. Sie schauen verurteilend oder packen Kinder am Arm.

Besonders problematisch ist ein solches Verhalten Kindern gegenüber dann, wenn es als notwendig oder angemessen gerechtfertigt wird und Kinder die Botschaft erhalten, dass es „normal“ und in Ordnung ist, wenn Erwachsene so mit Kindern umgehen.
Dies geschieht im Kontext von Erziehung auch heute noch sehr oft.

Auch wenn dies von den Erwachsenen nicht beabsichtigt ist, wird dadurch das Selbstwertgefühl und Selbstgefühl der Kinder geschädigt. Sie erleben sich als weniger wertvoll und vertrauenswürdig und verlieren ein Stück weit den Kontakt mit ihrer ganz eigenen Art zu sein. Auch die Beziehungen zu den Erwachsenen sind dann von weniger Vertrauen geprägt.

Dabei wünschen wir es uns doch ganz anders!

Wollen wir uns auf den Weg machen, die Beziehungen zwischen Kindern und Erwachsenen zu verändern, ist es hilfreich, sich über Adultismus und seine vielfältigen und so selbstverständlichen Auswirkungen bewusst zu werden.

Das Buch „Machtgeschichten“ möchte genau da ansetzen. Es will das alltägliche grenzüberschreitende, verletzende Verhalten von Erwachsenen gegenüber Kindern aufzeigen und zum Ausgangspunkt von Auseinandersetzungen und Veränderungen nehmen.

Das „Fortbildungsbuch zu Adultismus für Kita, Grundschule und Familie“ auf der einen Seite richtet sich an alle Menschen, die Kinder in ihrem Aufwachsen begleiten. Es möchte pädagogische Fachkräfte, Eltern, Großeltern und alle anderen Bezugspersonen unterstützen, sich mit dem komplexen Thema zu beschäftigen.

Es bietet viele Anstöße, Hintergrundwissen und Hinweise zur vertiefenden Auseinandersetzung und lädt uns immer wieder dazu ein, innezuhalten, gewohnte Verhaltensweisen zu hinterfragen und dabei nicht in lähmender Selbstkritik zu versinken. Es beantwortet Fragen und löst wieder andere Fragezeichen aus.

Und es kann auch Spaß machen und Kraft geben!

Das „Buch für Kinder über das Leben mit Erwachsenen“ auf der anderen Seite enthält ungewöhnliche und doch ganz gewöhnliche Geschichten. Sie handeln von Kindern, die herausfordernde Situationen mit den sie begleitenden Erwachsenen erleben und damit so gut wie möglich umgehen. Und dabei jede Menge Gefühle fühlen. Und es handelt von Erwachsenen, die wiederum ihrerseits versuchen, Kinder so gut wie möglich zu begleiten.

Dabei sind sie mal verzweifelt und voller Sorge, mal wütend, mal unsicher – und mal hören sie einfach nur zu.

Die Geschichten versuchen, uns weit weg von „richtig“ und „falsch“ zu führen. Sie wollen das Verhalten der Erwachsenen weder verurteilen noch rechtfertigen. Sie führen vielmehr verschiedene Umgangsweisen vor, die unterschiedliche Auswirkungen für die Beteiligten und ihre Beziehungen haben, und wollen zu Austausch und Reflexion einladen.

Sie können Kindern Mut machen, über ihre Erfahrungen mit gewaltvollem und verletzendem Verhalten zu sprechen und sie darin bestärken, dass dies nicht „normal“ und in Ordnung ist, auch wenn es um sie herum oft so scheint. Die Geschichten zeigen, dass andere Wege möglich sind und wollen so auch die Erwachsenen in ihren Prozessen von Selbstreflexion und Entwicklung unterstützen.

Zudem gibt es eine Website zum Buch.
Unter www.machtgeschichten.de finden sich weitere Texte, Kommentare, alle Links aus diesem Buch, aktuelle Literaturhinweise und immer wieder auch neue Bilder und Geschichten.

Eure Rückmeldungen und eigene Geschichten!

Welche Erfahrungen habt ihr mit Macht gemacht? Wie hat euch das Buch gefallen, womit seid ihr vielleicht auch nicht einverstanden? Welche Fragen beschäftigen euch? Welche Gespräche haben sich ergeben? Bitte schreibt uns gerne eure Rückmeldungen zu dem Buch unter kontakt@machtgeschichten.de

Habt ihr vielleicht selbst mal eine Geschichte für Kinder geschrieben? Oder habt ihr eine Idee, wie einer der Geschichten hier ganz anders ausgehen könnte? Haben die Kinder vielleicht Bilder zu den Geschichten gemalt? Auf der Webseite ist auch ein Platz eingerichtet für eure Geschichten, für neue Varianten und alle selbst gemalten Bilder. Mehr dazu am Ende dieses Buches unter der Überschrift „Macht Geschichten"!

Hinweise zur Wortwahl im Kontext von Vielfalt und Antidiskriminierung

Zu einigen der hier genutzten Formulierungen möchte ich etwas erläutern. So ist häufig die Rede von Eltern, Hauptbezugspersonen und pädagogischen Fachkräften. Eltern können dabei alle diejenigen sein, die sich als Eltern verstehen. Mal ist das der alleinerziehende Vater, mal die beiden Mütter und mal sind es auch drei oder mehr Menschen, die sich entschieden haben, ein Kind oder mehrere gemeinsam zu begleiten. Mit dem Begriff (Haupt)Bezugspersonen sind alle weiteren Menschen gemeint, die in besonderer Weise in Beziehung zu den Kindern stehen, die Verantwortung in der Begleitung übernehmen und dabei vielleicht öfter oder seltener anwesend sind. Ich denke dabei an Freunde und Freundinnen, an Großeltern, neue Partner oder Partnerinnen oder Tanten, Onkel und Nachbar-Erwachsene. Mit pädagogischen Fachkräften sind hier die professionellen Begleitpersonen gemeint, etwa Erzieher und Erzieherinnen, Lehrerinnen und Lehrer oder andere Fachkräfte in Kita, Schule, Hort oder begleiteten Freizeitangeboten.

Auch wenn sich dies in der hier verwendeten Schreibweise leider nicht wiederfindet, ist es mir außerdem wichtig, an dieser

Stelle zu betonen, dass immer dort, wo die Rede von Frauen und Männern ist (also etwa bei Freunden und Freundinnen) auch alle diejenigen gemeint sind, deren Selbstverständnis sich zwischen oder außerhalb der damit als selbstverständlich gesetzten Zwei-Geschlechter-Ordnung befindet. Am Liebsten hätte ich alle Personenbezeichnungen in diesem Sinne mit dem * Sternchen gekennzeichnet. Dabei geht es um die Anerkennung und Normalisierung von geschlechtlicher Vielfalt.

Kritisch im Sinne von Adultismus möchte ich zudem darauf hinweisen, dass immer dort, wo selbstverständlich Kind oder Erwachsene steht, ganz unterschiedliche Menschen gemeint sind, die unterschiedlich kompetent, verantwortungsvoll, reflektiert oder emotional sein können und eben unterschiedlich alt sind.

Danksagung

Viele der Perspektiven, die diesem Fortbildungsbuch zugrunde liegen, habe ich über viele Jahre gemeinsam mit mir wichtigen Kollegen und Kolleginnen entwickelt und in Workshops und Fortbildungen mit vielen tollen Teilnehmenden geteilt, erprobt und reflektiert. In den hier vorliegenden Texten spiegeln sich insbesondere die Überlegungen und Auseinandersetzungen, die in ausführlicherer Fassung im Curriculum „Was MACHT was?!“ erschienen sind, welches ich gemeinsam mit Johannes Neumann für das Deutsche Rote Kreuz verfasst habe.

Weiterhin geht mein besonderer Dank an Manuela Ritz, die wunderbare erste Lerngruppe zu Adultismus, Mitja Lück-Nnakee, Katerina Varella, Berit Wolter, Raúl Montalvo, Sabine Urban, Ramona von Karczewski und all die vielen Menschen, die auf ähnlichen Wegen unterwegs sind und mich inspiriert und ermutigt haben.

Vielen Dank auch an das aktuelle Buch-Team. Die Zusammenarbeit mit Heribert Rollik und Aylin Berk seitens des DRK, Christian Wobst vom Verlag edition claus und Gaelle Lalonde als Grafikerin hat mir viel Spaß gemacht.

Ich danke auch meinem Kinderladen-Team für die Begleitung und den tollen Austausch, Elisabeth Junk für die Überarbeitung der Geschichte Fisch und Aufräumen und allen anderen, die mit ihren wertvollen Rückmeldungen die Geschichten und das Fortbildungsbuch bereichert haben.

Und bereichert haben das Buch sowieso am allermeisten die Kinder! Die tolle Füchse-Bande im Kinderladen und vor allem Luján, die mit viel Geduld meine Prozesse begleitet!

Anne Sophie Winkelmann

Umgang mit den Geschichten

Aufbau

Jede Geschichte hat immer zwei mögliche Ausgänge. In einer Variante handelt die erwachsene Person in einer Weise, die die jüngere Person verletzt und findet dann einen Umgang, der am Ende wieder zu Verbindung und Vertrauen führt. In der anderen Variante bemüht sich die erwachsene Person um einen gleichwürdigen und grenzwahrenden Umgang mit der herausfordernden Situation. Die beiden Varianten können direkt hintereinander gelesen beziehungsweise vorgelesen oder auch in verschiedenen Momenten betrachtet werden.

An entscheidenden Stellen im Geschehen bieten die Geschichten kurze Fragen an, die sich auf die möglichen Gefühle der Hauptpersonen beziehen oder darauf, was wohl als nächstes passieren könnte. Sie laden dazu ein, sich tiefer in die Geschichte und die Hauptpersonen hineinzuversetzen und die Auswirkungen von bestimmten Verhaltensweisen deutlicher zu erkennen. Außerdem können Kinder und Erwachsene dabei üben, über Gefühle zu sprechen und diese so genau wie möglich zu benennen.

Auch am Ende jeder Geschichte werden Fragen formuliert, die dazu einladen, mit den Kindern über die Themen im eigenen Alltag beziehungsweise in der Einrichtung zu sprechen.

(Vor-)Lesen und miteinander sprechen

Egal, ob es vorgelesen oder von der jüngeren Person alleine gelesen wird: Es ist ein Buch, welches zum Austausch zwischen jüngeren Menschen und erwachsenen Begleitpersonen einladen und zur Veränderung ihres alltäglichen Verhältnisses untereinander beitragen möchte.

Wie genau das gemeinsame Sprechen über die Geschichten aussieht und wie tiefgehend die daran anschließende Auseinandersetzung mit dem Umgang im eigenen Alltag stattfindet, wird sehr unterschiedlich sein. Manche werden sich genüsslich miteinander auf das Sofa kuscheln, die Geschichte vorlesen, bei allen Fragen innehalten und am Ende ein Bild malen. Andere lesen das Buch abends im Bett, halten erst einmal gar nicht bei den Fragen an und sprechen in den nächsten Tagen darüber, wenn das Thema wieder auftaucht. Wieder andere bekommen gar nicht mit, wann die Kinder im Buch lesen, haben aber plötzlich eine interessante Diskussion am Abendbrottisch. Und Fachkräfte lesen die Geschichte vielleicht einer Gruppe von Kindern in der Einrichtung vor, von denen am Ende nur einige die Geduld und das Interesse haben, darüber in Ruhe zu sprechen – während die anderen malen.

Wichtig ist vor allem, dass die erwachsene Person in ihrer Haltung eine klare Botschaft sendet, die ich ungefähr so beschreiben würde: „Ich finde es wichtig, meinen Umgang mit jüngeren Menschen kritisch zu reflektieren. Ich bin interessiert daran, von deinen Erfahrungen mit mir zu hören und davon zu lernen. Ich höre auch gerne von deinen Erfahrungen mit anderen Erwachsenen und bemühe mich, dich mitfühlend zu begleiten und dich zu unterstützen."

Zu dieser Haltung gehört es auch, dass es kein dramatisches Drama ist, wenn wir als Erwachsene mal so sprechen und handeln, wie die Erwachsenen es in den Geschichten tun, und sich die Kinder so fühlen, wie sich die Kinder in den Geschichten fühlen.
Wichtig ist, dass wir es nicht (mehr) für „normal“ verkaufen und rechtfertigen, sondern vielmehr bereit sind, die Konsequenzen unseres Handelns anzuschauen, in Ruhe zuzuhören, was uns die Kinder dazu sagen möchten, und uns auf dieser Grundlage um Veränderung bemühen.

Im besten Falle gelingt es uns, das Verhalten der erwachsenen Person in der Geschichte weder zu rechtfertigen noch zu verurteilen, und uns mit unserer eigenen Meinung insgesamt eher zurückzuhalten. Es soll keine Diskussion dabei herauskommen, bei der wir als Erwachsene mit tollen Wörtern argumentieren und letztlich alles besser wissen.

Die Kunst besteht darin, einen möglichst freien Raum für die Beobachtungen, Einschätzungen und eigenen Erfahrungen der Kinder zu schaffen. Die Fragen am Ende einer Geschichte sollen dabei nicht einengen. Sie sind vielmehr als Anregungen zu verstehen und laden zu Umformulierungen, Erweiterungen und Auslassungen ein.

Im besten Fall können die Kinder den Lesefluss jederzeit unterbrechen und ihre Fragen, Kommentare oder mitfühlenden Gedanken äußern.

Wichtig ist: Die Kinder haben hier nichts zu lernen oder gut und richtig zu machen! Es ist wichtig, dass sie nicht uns zuliebe (oder des Lobes wegen) eine möglichst „richtige“ Antwort geben, sondern vielmehr das teilen, was ihnen zu der Geschichte einfällt. Es geht ja explizit um die Themen und Erfahrungen der Kinder und ihre Reflexionen darüber.

Wenn sie das wollen!

Wir begleiten diese Prozesse, fragen ab und zu etwas nach und nehmen die ausgelösten Gefühle wahr. Vor allem geht es darum, zuzuhören!

Vielfalt sichtbar machen und Diskriminierung entgegenwirken

Die Geschichten bemühen sich, vielfältige Lebensrealitäten von Kindern und unterschiedliche Familiensituationen ganz selbstverständlich zu thematisieren. In diesem Sinne gibt es keine beschreibenden Erklärungen dazu, die betonen, dass die Eltern in einer gleichgeschlechtlichen Partnerschaft leben oder das Kind in einem anderen Land geboren wurde. Manchmal geben uns Namen, Kommentare oder auch die Zeichnungen zu den Geschichten einen Hinweis darauf, dass eine Hauptperson nicht der Norm eines weißen, geschlechterrollenstereotypen Kindes ohne jeglichen Unterstützungsbedarf aus der klassischen Kleinfamilie entspricht und es wird deutlich, dass es in der Gesellschaft möglicherweise Diskriminierung erfährt.

Als vorlesende Person können wir am Besten zu mehr Selbstverständlichkeit beitragen, indem wir auch die uns vielleicht unvertrauten Beschreibungen der Lebensrealitäten vorlesen, ohne diese besonders zu betonen.

Wir können schon bei unserer Vorbereitung bemerken: Begeistert mich etwas, verwirrt oder verunsichert es mich? Es ist in Ordnung, wenn das so ist. Wenn es uns gelingt, dies für uns zu bemerken und unsere Gefühle und Bewertungen nicht als Nebenbotschaft mit vorzulesen, können die zuhörenden Kinder ihre eigene Reaktion darauf leben. Sie können von sich aus den Austausch suchen oder auch überhaupt nichts auffällig finden.

Und wir können uns an anderer Stelle mit anderen Erwachsenen mit unseren Fragen auseinander setzen!

Eine besondere Bedeutung hat das Vorkommen von bestimmten Lebensrealitäten und Zugehörigkeiten für diejenigen zuhörenden Kinder, die sich selbst darin wiedererkennen. Für sie ist es eine sehr wertvolle Erfahrung zu sehen, dass Menschen, mit denen sie sich vielleicht identifizieren, als aktiv handelnde Kinder selbstverständlich in Büchern vorkommen, ohne dass sie als besonders hervorgehoben werden.

Viele Menschen haben sich in letzter Zeit mit dem Thema Vielfalt und Diskriminierung in Kinderbüchern beschäftigt. Hier sind Bücher zusammengestellt, die sich in dem Sinne um einen sensiblen, empowernden Beitrag bemühen.

https://www.situationsansatz.de/vorurteilsbewusste-kinderbuecher.html

http://www.i-paed-berlin.de/de/Downloads/

Auffällig ist bei den Geschichten vielleicht auch, dass sie das Alter der Hauptpersonen nicht nennen. Tatsächlich ist dies einerseits hilfreich, um mehr Identifikationsmöglichkeiten zu eröffnen. Vor allem aber verzichten die Geschichten damit bewusst auf ein sonst fast selbstverständliches Zuordnen von Kindern zu einem bestimmten Alter und erwecken auch nicht die mit einer Zahl verbundenen Norm(alitäts)vorstellungen und Erwartungen.

Die Geschichten schaffen in diesem Sinne möglicherweise Verwirrung. Es kann passieren, dass mir als erwachsener Person auffällt, dass ich diese Einordnung bezüglich des Alters vermisse. Es kann genauso gut sein, dass die zuhörenden Kinder alsbald nach dem Alter der Kinder fragen. Das ist wunderbar, dann können wir uns gleich gemeinsam auf Erkundung begeben: „Ja, du, das ist mir auch gerade eingefallen, dass ich das wissen will, aber warum ist das eigentlich so wichtig?"

Für jede Vorlesesituation kann auch eine andere Lösung gefunden werden. Vielleicht fragen wir dann einfach: „Was hättest du denn gerne, wie alt das Kind ist?"

Geschichten verändert vorlesen

Werden die Geschichten vorgelesen, lässt sich mit Vorbereitung flexibel mit dem Text umgehen.
Vielleicht kürze ich etwas, wenn ich Sorge habe, dass die Aufmerksamkeit nicht bis zum Ende reichen würde oder ich erfinde noch einen Teil hinzu, der die Geschichte dann spannender oder zugänglicher für die konkrete Gruppe macht. In zwei der Geschichten sind solche Möglichkeiten der Verkürzung oder Verlängerung auch bereits formuliert und gekennzeichnet.

Vielleicht entscheide ich mich auch, einen komplizierten Begriff mit anderen Wörtern zu umschreiben, die Gefühle der Kinder oder der Erwachsenen anders zu benennen (siehe dazu auch die Liste am Ende des Fortbildungsbuches) oder einen Namen zu ersetzen, wenn genau so eine gute Freundin oder ein Kind in der Gruppe heißt.
Statt auf dem Kita-Ausflug kann die Geschichte auch während des Ausflugs mit der Schulklasse stattfinden, die S-Bahn kann auch die Regionalbahn oder der Bus sein und statt Frühling kann es natürlich auch Winter sein.

Was im Sinne der Idee des Buches beim Vorlesen nicht grundlegend verändert werden sollte, sind die Wohnformen und Familiensituationen der Kinder, ihre Namen bzw. die

Zugehörigkeiten, auf die sie verweisen, die übergreifenden Freundschaften zwischen Kindern, die sich als Jungen und Mädchen verstehen und die unterschiedlichen Ausdrucksweisen der Kinder. Diese Aspekte sind mit Blick auf das ganze Buch bewusst gewählt und dienen dazu, die Vielfalt der Alltagswirklichkeiten von Kindern sichtbar zu machen und Diskriminierung entgegenzuwirken.

Umgang mit sehr vertrauten Situationen in den Geschichten

Manchmal sind die Geschichten vielleicht ziemlich nah an unseren eigenen Erfahrungen.

Eine ganz ähnliche Aussage vorzulesen, wie ich selbst gestern einem Kind an den Kopf geworfen habe, oder den gleichen Umgang zu beschreiben, den eine Kollegin immer mit dem Thema Aufräumen in der Gruppe hat, ist sicher mit Herausforderungen und Fragezeichen verbunden.

Ich persönlich finde es grundlegend wertvoll, eigenes Verhalten im Buch gespiegelt zu bekommen und sehe darin eine Chance, miteinander ins Gespräch zu kommen. Ich kann dann abwarten, ob die zuhörenden Kinder etwas ansprechen möchten oder selbst sagen, dass ich es sehr ähnlich finde wie das, was ich manchmal mache. So kann sich ein Gespräch entwickeln: Klingt es für dich auch ähnlich? Wie fühlst du dich damit, wenn es mit mir passiert? Wie wäre es dir lieber? Hast du eine Bitte an mich? Ich kann dabei sehr viel lernen.

Betrifft es allerdings eine andere Person als mich selbst, kommt es meines Erachtens darauf an, in welchem Verhältnis ich zu der Person stehe und wie es mit deren Bereitschaft zur kritischen Selbstreflexion aussieht. Vielleicht kann ich die Person auch bitten, die Geschichte übers Aufräumen selbst mit den Kindern zu lesen oder mit ihr vorher absprechen, dass sie dazukommt, wenn die Kinder über ihre Erfahrungen mit ihr reden möchten.

Sind es meinerseits eher Vermutungen über gleiches oder ähnliches Verhalten von Erwachsenen aus dem Umfeld der zuhörenden Kinder, kann gerade der Vorlesemoment den Rahmen schaffen, in dem diese darüber sprechen können. Wichtig ist dann, die Kinder in keinster Weise zu drängen.

Reflexionsthemen zu jeder Geschichte

Jede Geschichte beinhaltet viele Themen, über die wir mit Kindern sprechen können und über die wir selbst nachdenken können. Einige davon sind als Reflexionsanregungen direkt nach der jeweiligen Geschichte im Kinderbuch-Teil beschrieben. Alle diese Fragen und Überlegungen sind gleichermaßen für Eltern, Bezugspersonen und für professionelle Fachkräfte wertvoll. Sie betreffen unsere grundlegende Haltung und die Art von Beziehungen, die wir zu Kindern leben wollen.

Es ist hilfreich, sowohl die Geschichte als auch die dazugehörige Reflexion zunächst einmal alleine (oder etwa im Team) zu lesen. So kann jede Person Klarheit darüber gewinnen, worauf sie besonders achten und was sie verändern möchte. Dabei kann sie auch bemerken, inwiefern bei ihr persönlich Fragen oder Verunsicherungen auftauchen, die vielleicht vor dem Vorlesen Beachtung brauchen.

Fallen mir Themen auf, die mich im direkten Gespräch mit den Kindern vielleicht überfordern würden?

Kann ich die Kinder ruhig dazu einladen, über ihre eigenen Erfahrungen – vielleicht auch mit mir selbst – zu sprechen?

Will ich mich in besonderer Weise vorbereiten? Oder will ich einfach erst einmal vorlesen und offen schauen, was passiert?

Eine vertiefte Auseinandersetzung mit den Themen einer Geschichte kann vor oder nach dem Lesen mit den Kindern stattfinden. Auch beides ist gut möglich.

Auseinandersetzung mit den Themen im pädagogischen Team

Einzelne der Reflexionsthemen sind besonders für die Auseinandersetzung im Team der pädagogischen Fachkräfte hervorgehoben. Selbstverständlich können genau diese auch im privaten Zusammenhang genutzt oder zum Beispiel bei einem Elternabend besprochen werden. Und ebenso selbstverständlich können ganz andere Themen für die pädagogischen Fachkräfte wertvoll sein und selbst erarbeitet werden.

Die Reflexionsanregungen für das pädagogische Team stellen explizit kein fertiges Material für die direkte Umsetzung etwa bei einer Teamsitzung dar. Es sind vielmehr konkrete Anregungen, die leicht ausgearbeitet werden können. Die gemeinsame Auseinandersetzung braucht in jedem Fall etwas Vorbereitung. Dazu gehört, die Fragen und den Verlauf an den konkreten Kontext anzupassen, eine Einleitung und einen Abschluss zu finden und einen Zeitplan dazu zu entwickeln. Dabei ist es sinnvoll, die (vermutlich unterschiedlichen) Reflexionsstände, Erfahrungen und Bereitschaften im Team im Blick zu haben und einen offenen Zugang für möglichst alle zu schaffen.

Neugierige, kritische und wohlwollende Grundhaltung

Wichtiger als die konkrete Herangehensweise scheint mir die Grundhaltung zu sein, mit der sich die einzelnen Menschen ans Reflektieren machen.

Hilfreich ist vor allem, die Fallen eines Denkens in „richtig“ und „falsch“ zu vermeiden. Das kann heißen, zu bemerken, wenn mich die Bewertung meines eigenen Handelns klein macht und ich in Selbstzweifeln oder Scham stecken bleibe. Von dort aus kann ich nicht mehr gut lernen. Wir können uns gegenseitig immer wieder darauf aufmerksam machen und uns zu einem uns selbst gegenüber wohlwollenden Blick ermutigen.
Hilfreich ist dabei die Idee, dass hinter all unserem Handeln (und natürlich auch hinter dem Handeln jedes Kindes) immer ein „guter Grund“ steht. Dass wir versucht haben, ein Bedürfnis zu erfüllen, dass etwas dahintersteht, das wir wertschätzen oder schlicht sehen und anerkennen können.

Diese guten Gründe sind keine Rechtfertigungen. Wir können gute Gründe haben und gleichzeitig hat unser Handeln oder unsere Kommunikation konkrete, oft eben auch verletzende Auswirkungen auf die Kinder. Diese — oft auch ungewollten — Auswirkungen zu sehen und ernst zu nehmen, ist Ausgangspunkt und Motor unserer kritischen Reflexion.

> Das „Konzept des guten Grundes“ kommt aus der Traumapädagogik und wurde insbesondere von Wilma Weiß geprägt. Dabei wird davon ausgegangen, dass jedes auffällige Verhalten einen guten Grund hat und aus der eigenen Geschichte heraus für die handelnde Person Sinn macht. Das Kind (oder der Mensch) teilt dadurch etwas über sich und seine Geschichte mit. Diese Grundhaltung macht ein wohlwollendes (gemeinsames) Verstehen und Selbstverstehen möglich und will zu mehr Handlungsfähigkeit führen. Siehe auch: http://www.wilmaweiss.de

Dabei können durchaus Widerstände auftauchen. Diese gehören zum Lernprozess dazu, insbesondere wenn Grundlegendes, für uns bisher Selbstverständliches oder auch Wertvolles in Frage gestellt wird und sich Verunsicherung breitmacht.
Es ist hilfreich, diese Widerstände als solche zu bemerken, dahinter zu schauen und für uns zu klären, was wir brauchen, um nächste Schritte zu gehen.
Im besten Falle gewinnen wir auch mehr Übung, mit Verunsicherung umzugehen, und vielleicht gelingt es auch, uns gegenüber Kindern, Freunden und Freundinnen und im Team mit unseren Fragezeichen und unserem Ausprobieren offen zu zeigen.

Vermutlich sind wir auch immer wieder oder auch immer bewusster mit Gefühlen beschäftigt. Auch diese sind Teil des Prozesses und dürfen gerne da sein. Damit umzugehen und uns gegenseitig dabei zu unterstützen, kann durchaus ein großes und auch spannendes Thema werden.

Wie kann es uns selbst, in der Familie, im Freundeskreis oder im Team gelingen, den Reflexionsprozess als eine Bereicherung wahrzunehmen und uns wirklich neugierig und offen auf die Forschungsreise zu begeben?

Wie können wir im Team eine Kultur des Hinschauens, der Kommunikation und der gegenseitigen Unterstützung entwickeln?

Umgang mit ganz gewöhnlichen Kinderbüchern

Viele Kinderbücher, die uns heute in Buchläden, Bibliotheken, Kindertagesstätten und Grundschulen begegnen, reproduzieren das ungleiche Machtverhältnis und die damit einhergehende Gewalt zwischen Erwachsenen und Kindern. Dies geschieht oftmals völlig unbemerkt. Es ist eben leider ziemlich „normal“, dass Eltern, pädagogische Fachkräfte und Lehrpersonen sich Kindern gegenüber in einer Weise verhalten, dass deren Grenzen überschritten und die Würde verletzt wird.

Als ich anfing darauf zu achten, war ich sehr überrascht und erschrocken, auf welche Art und Weise in Kinderbüchern mit Kindern gesprochen wird. Wie auch *über* Kinder gesprochen wird. Und wie Kinder und ihr Handeln beschrieben werden.

Ich habe kaum ein Buch entspannt so vorgelesen, wie es geschrieben war. Ich wollte Kindern nicht vorlesen, dass Mona wieder „mault“ oder „nörgelt“ oder dass die Mutter sich „das Theater“ eine Weile anschaute. Ich mochte es nicht so stehen lassen, wie die Lehrerin Seda beschämt, der Vater dem Kind offen droht oder die Erzieherin dem Kind „erlaubt“, sich bei einem anderen Kind ohne Hand-geben zu entschuldigen.

„Die Kinder nerven mal wieder“, steht auch einfach so da. Und das alles in einer grundlegend fröhlichen Atmosphäre in Büchern mit zum Teil sehr künstlerischer Gestaltung und für mich angenehmen Zeichnungen.

Ich war beeindruckt, wie selbstverständlich es stehen blieb. Die Grenzüberschreitung und Abwertung blieb völlig unauffällig. Ob sich jemals eine Person bei Autor oder Autorin oder dem Verlag beschwert hatte?

Haben wir erst einmal angefangen, Adultismus in der Gesellschaft zu erforschen, werden wir immer häufiger solche Szenen in Kinderbüchern entdecken, die uns sonst durchaus ansprechen. Wir werden dann innehalten und uns fragen:

Will ich das so vorlesen, wie es dort steht?
Was mache ich jetzt mit dem Buch?

Aus meiner Perspektive brauchen wir die Bücher nicht auszusortieren. Vielmehr können wir kritisch mit ihnen umgehen. Wir können lesen, eine Pause machen und mitteilen, wie es uns damit geht. Wir können die Zuhörenden fragen, wie sich die Personen in der Geschichte ihrer Meinung nach gerade fühlen. Und wir können die Beispiele dafür nutzen, über die Alltagserfahrungen der Kinder ins Gespräch zu kommen.

Eine weitere Möglichkeit des Umgangs ist auch, die Geschichten verändert vorzulesen. Mit ein wenig Übung ist es recht gut möglich, den Text während des Vorlesens direkt zu verändern. Dies kann etwa die Handlungen und die Aussagen der Erwachsenen in der Geschichte betreffen. Wir können eine Person dann respektvoller, gleichwürdiger, unterstützender mit einem Kind sprechen oder sie an entscheidenden Stellen auch einfach mal schweigen lassen.

Wir können auch die Reaktionen und Gefühle der Kinder beschreiben, wenn sie von Erwachsenen belächelt oder angeschrien wurden, und die Erwachsenen später über ihren Satz nachdenken lassen. Es kann sich auch eine andere erwachsene Person einmischen und deutlich positionieren.

Wir können beim Vorlesen auch die Namen und damit die Zugehörigkeiten der Hauptpersonen verändern, wenn der ursprüngliche Text eher weit verbreitete Rollenmodelle stärkt. Es macht zum Beispiel einen Unterschied, ob Jonas wütend ist und in der Geschichte Strategien erprobt, mit seiner Wut umzugehen, oder ob es Jenny ist oder Selin. Mit kleinen Veränderungen tauchen so neue Vorstellungen über sich selbst und andere Menschen auf, die Stück für Stück selbstverständlicher werden können. So wird es auch möglich, Kinder zu stärken, die sonst eher wenig als aktive, selbstbewusste Personen in Kinderbüchern vorkommen. In dem Sinne können neben geschlechtlichen Zugehörigkeiten etwa auch Wohnorte, Familiensituationen, Freundschaften, finanzielle Hintergründe oder körperliche Möglichkeiten verändert werden. Vielleicht geht der Vater auch morgens zum Jobcenter oder in die Autowerkstatt und nicht ins Büro? Oder die Mutter? Vielleicht erlebt die Hauptperson das gleiche Abenteuer im Rollstuhl? Je nach Zugehörigkeiten und Themen der zuhörenden Kinder können wir so Anknüpfungspunkte ermöglichen und mehr Selbstverständlichkeiten selbstverständlicher machen.

Ich mache den Kindern gegenüber meist transparent, dass ich beim Vorlesen immer mal etwas verändere. Mindestens jedenfalls wenn sie mich fragen oder verwundert anschauen. Manchmal fragen sie auch, was dort eigentlich stand und wir kommen ins Gespräch.

In vielen gewöhnlichen Kinderbüchern haben Mamas und Papas keine Namen. Sie werden als solche gerufen und auch als solche in den Beschreibungen benannt. Auch Oma und Opa geht es meistens so.

Dies entspricht für viele Kinder auch ihrer Alltagserfahrung und viele Erwachsene verbinden damit eine Wertschätzung und Anerkennung ihrer ja sehr besonderen Rolle den Kindern gegenüber. Was passiert nun, wenn wir ihnen Namen geben? Wenn Erwachsene mit ihren Namen in der Geschichte vorkommen?

Zunächst einmal knüpft es an die Lebensrealität derer Kinder an, die ihre Bezugspersonen mit dem Vornamen rufen. Es zeigt ihnen, dass auch das eine ganz gewöhnliche Variante sein kann und unterstützt diejenigen, die damit vielleicht unsicher sind. Insbesondere aber finde ich, dass Erwachsene mit Namen beim Lesen mehr als individuelle Menschen mit ihrer Geschichte und ihrer ganz eigenen Art, zu sein, gesehen werden. Es wird deutlicher, dass sie sich nicht deshalb so verhalten, weil sie Mama sind, sondern weil sie gerade als Renate oder als Nuria diese Entscheidung getroffen haben. Dabei geht es symbolisch auch um Verantwortungsübernahme und Authentizität und letztlich um den Mut, aus der Rolle auszusteigen und den eigenen Weg zu gehen.

Filme, Hörbücher und Hörspiele

Selbstverständlich kommen auch in Filmen, Hörbüchern und Hörspielen gewaltvolle Verhaltens- und Kommunikationsweisen von Erwachsenen gegenüber Kindern vor und genauso selten wird es dazu eine Reflexion in der Handlung geben. In Filmen wird immerhin manchmal noch die mimische Reaktion des Kindes deutlich. Wir können die Enttäuschung, die Traurigkeit oder die Wut sehen und mitfühlen und verstehen etwas von den Auswirkungen erwachsener Macht.

Im Unterschied zu Büchern können Kinder oder vorlesende Erwachsene bei Filmen und Hörspielen weniger Filter einbauen. Die Wucht der Aussage lässt sich nicht so leicht bremsen. Dies fällt mir insbesondere in Bezug auf die Stimmen und den Tonfall auf. Darin wird manchmal die Verurteilung, Abwertung und das „sich über die jüngere Person stellen" sehr unmittelbar deutlich.

Im Umgang mit Filmen, Hörbüchern und Hörspielen können wir als Begleitpersonen der Kinder den Inhalt nicht so leicht verändern wie beim Vorlesen. Daher bleibt hier als Form der Auseinandersetzung lediglich das Gespräch. Wir können verabreden, das Medium in dem einen oder anderen Moment kurz anzuhalten und können dann nachfragen, wie es den Kindern mit der Situation gerade geht oder wie sich die Person im Film oder im Hörspiel vielleicht gerade fühlt. Wir können uns auch im Nachhinein austauschen. Das Ziel ist auch hier, erwachsenes grenzüberschreitendes Verhalten nicht als „normal" stehen zu lassen und einen Raum der Auseinandersetzung anzubieten.

Erzieherische Macht und Adultismus

Macht durchzieht sämtliche zwischenmenschliche Beziehungen im gesellschaftlichen Kontext. Insbesondere Eltern-Kind-Beziehungen und pädagogische Beziehungen sind per se durch ein Machtungleichgewicht zugunsten der Eltern und pädagogischen Fachkräfte geprägt, welches sich auf vielfältige Weise weitgehend unbewusst auswirkt.

Ich habe doch gar keine Macht!

Wenn wir zum ersten Mal davon hören, dass wir als Erwachsene, als Bezugspersonen oder als Eltern Macht gegenüber Kindern haben, kann das viele Fragen in uns aufwerfen. Macht? Ich? Nein! Ich fühle mich meist selbst eher ohnmächtig!

Mit Macht werden außerdem meist eine Reihe unangenehmer Vorstellungen und Gefühle verbunden, die meisten Menschen bringen sich selbst damit am liebsten gar nicht in Verbindung. Entsprechend selten wird darüber gesprochen.

Erst in den vergangenen Jahren finden wir Auseinandersetzungen rund um Macht und Gewalt im Kontext von Erziehung häufiger. So langsam klingt durch, dass Macht gar nicht direkt das Problem ist, sondern es vielmehr darum geht, wie wir mit dieser Macht umgehen und wie wir ihren Missbrauch vermeiden können.

Unter Macht wird in diesem Sinne die Möglichkeit verstanden, meine Anliegen, meinen Willen und meine Definition von dem, was „richtig“ und „falsch“, wertvoll und relevant ist, durchzusetzen. Macht wird Menschen durch die Zugehörigkeit zu bestimmten Gruppen in der Gesellschaft (etwa die der Erwachsenen) und eine bestimmte Position (etwa die der pädagogischen Fachkraft, der Mutter, des Großvaters, der Hauptbezugsperson) zugesprochen. Sie basiert auf der Anerkennung eben dieser durch die konkreten Menschen, die Gemeinschaft und die Gesellschaft.

Gesellschaftliche Machtverhältnisse sind „immer zweiseitige Verhältnisse, bei denen die eine Seite über mehr (...) Macht verfügt und Einfluss nehmen kann und die andere Seite dies akzeptiert, keinen Widerspruch erhebt oder trotz Widerstreben zur Duldung oder Befolgung bewegt werden kann“ (Hansen / Knauer / Sturzenhecker 2011, S. 28). Die Macht der Eltern, Hauptbezugspersonen und pädagogischen Fachkräfte ist durch vorherrschende gesellschaftliche Diskurse, Strukturen und Gesetze legitimiert und in den allermeisten Momenten durchaus auch von den Kindern akzeptiert.

Rüdiger Hansen, Raingard Knauer und Benedikt Sturzenhecker fassen die Macht der pädagogischen Fachkräfte in der Kindertagesstätte in folgenden vier Ebenen zusammen (vgl. ebd.):

Handlungs- und Gestaltungsmacht:
Die Fachkräfte gestalten den Rahmen, die Räume und die Abläufe in der Einrichtung. Sie entscheiden über aktuelle Themen, Projekte, Materialien und beeinflussen die Prozesse in der Gruppe.

Verfügungsmacht:
Die Fachkräfte verfügen über Zugänge und Ressourcen. Sie wissen, was wo liegt und entscheiden, wann es genutzt wird, sie bestimmen, welche Materialien zu gefährlich oder zu wertvoll sind und sie wissen, welches Geld es gibt und wie das Geld ausgegeben wird.

Definitions- und Deutungsmacht:
Die Fachkräfte definieren, was gut und richtig oder schlecht und falsch ist, sie stellen die Regeln auf und ihr Wissen und ihre Erfahrung in den Raum, was die Meinung der Kinder nachhaltig beeinflusst.

Mobilisierungsmacht:
Pädagogische Fachkräfte können Kinder dazu bringen, ihren Vorstellungen zu entsprechen, indem sie sie fröhlich begeistern, mit schönen Ideen locken, sie süß überreden oder mit tollen Argumenten überzeugen.

Hier wird schnell deutlich: Legitimierte Machtausübung (etwa, indem Entscheidungen getroffen oder Aufträge erteilt werden) kann in der Praxis auch schnell in Gewalt münden. Wenn das Kind den Wunsch der Bezugsperson oder pädagogischen Fachkraft nicht aus freien Stücken erfüllt, sondern sich dem widersetzt, hat die erwachsene Person gute Möglichkeiten, ihr Anliegen auch ohne die Akzeptanz der jüngeren Menschen durchzusetzen. Aus ihrer Machtposition heraus kann sie auf eine Vielzahl von Strategien zurückgreifen, die als „normal" und angemessen gerechtfertigt werden, auch wenn wir einige davon durchaus als Gewalt verstehen können.

Wollen wir uns selbst auf den Weg machen, gleichwürdige Beziehungen mit jüngeren Menschen aufzubauen, können wir am besten damit anfangen, uns selbst zu fragen:

Wann handele ich aus meiner Machtposition in einer Weise, die die Grenzen von Kindern überschreitet, sie in ihrer Selbstbestimmung beschränkt oder (in ihrer Würde) verletzt?

Was ist gewaltvolles, grenzüberschreitendes, übergriffiges Verhalten?

Wenn von Gewalt in der Erziehung, in der Kita oder Grundschule die Rede ist, dann denken wir als allererstes an körperliche Gewalt, wie etwa Schläge. Damit haben die meisten von uns meistens nichts zu tun und so weisen wir auch den Begriff der Gewalt schnell von uns. Dabei sind sogar körperliche Gewalt durch Eltern und Bezugspersonen noch immer viel weiter verbreitet, als wir glauben wollen. Von körperlicher Gewalt würden wir etwa dann sprechen, wenn ein Kind geschlagen wird, es fest am Arm gepackt wird, es weggezogen oder vom Klettergerüst heruntergezogen wird oder wir es endlich in die Jacke „stopfen".

Noch viel weiter verbreitet sind Formen von seelischer Gewalt, die wir im alltäglichen Sprachgebrauch nicht unbedingt unter dem Begriff Gewalt verstehen. Das Bürgerliche Gesetzbuch aber schon. Dort steht seit 2000:

> Kinder haben ein Recht auf gewaltfreie Erziehung. Körperliche Bestrafungen, seelische Verletzungen und andere entwürdigende Maßnahmen sind unzulässig (§ 1631 BGB, Absatz 2).

In diesem Sinne können wir eine lange Reihe alltäglicher Verhaltensweisen von Eltern, Bezugspersonen und professionellen Fachkräften gegenüber Kindern als Gewalt und Grenzüberschreitung verstehen.

So etwa Beschimpfungen, Verurteilungen, Bestrafungen, Drohungen oder auch die vielfältigen Zuschreibungen, mit denen wir Kinder verletzen und in der Entwicklung eines gesunden Selbstgefühls und Selbstwertgefühls behindern.

Wie oft erhalten Kinder von Erwachsenen die Botschaft, irgendwie falsch zu sein?

Und wir können noch ein bisschen genauer hinschauen. Auch sehr „leise", irgendwie „nette" Verhaltensweisen können gewaltvoll und verletzend sein, so etwa ungefragtes Belehren mit freundlicher Stimme, Belächeln, Loben und Belohnen. Auch hier stellen wir uns als Erwachsene selbstverständlich über das Kind.

Die stillste aller Möglichkeiten, Gewalt auszuüben, ist das Ignorieren der Kinder und der Entzug unserer Liebe als Erziehungsmaßnahme.

Für mich erweist sich der Begriff der Grenzüberschreitung beziehungsweise des Übergriffs als sehr hilfreich, um erwachsenes Verhalten im Kontext von Erziehung zu untersuchen.

Bleibe ich sozusagen bei mir oder greife ich auf dich über? Spreche ich von mir, wie es mir geht, was mir wichtig ist und was ich brauche? Oder bewerte und interpretiere ich dich? Gehe ich über die Grenze zwischen mir und dir? Wird deine persönliche Grenze überschritten?

In vielen weit verbreiteten Formen der Kommunikation findet eine solche Grenzüberschreitung statt. Das geschieht dann, wenn zum Beispiel das Verhalten des Kindes interpretiert und bewertet wird, wenn der anderen Person die Schuld für meine Gefühle zugewiesen wird oder ich statt von meiner Sorge von der Unfähigkeit des Kindes ausgehe. Wenn ich besser weiß, ob dem Kind warm oder kalt

ist, warum es sich so benimmt und was alles passieren wird, wenn es so weitergeht.
Der ganz alltägliche Übergriff – könnten wir auch sagen.

All dies sind Formen von gewaltvollem Handeln von Erwachsenen gegenüber jüngeren Menschen. Vieles davon geschieht im Alltag unbewusst, irgendwie „automatisch" und bleibt oft in gewisser Weise unbemerkt. Es wird im Kontext von Erziehung gerechtfertigt, die Auswirkungen für die Kinder werden heruntergespielt. Es ist noch lange nicht selbstverständlich, dass diese Verhaltensweisen als Gewalt anerkannt werden, die es zu vermeiden gilt. Spannend ist dann die Frage:

> *Würde ich mich in einer vergleichbaren Situation gegenüber einer erwachsenen Person auch so verhalten? Würde ich so mit einem guten Freund oder einer guten Freundin sprechen? In diesem Tonfall?*

Wahrscheinlich eher nicht.
Um zu verstehen, warum das gleiche Verhalten gegenüber einer erwachsenen Person als Gewalt und gegenüber einem Kind als möglicherweise durchaus angemessen gewertet werden kann, ist ein Verständnis von Adultismus hilfreich.

Was ist Adultismus?

Der Begriff Adultismus leitet sich von dem englischen Wort „adult" (Erwachsener) ab. Im Kombination mit der Endung -ismus verweist der Begriff auf eine gesellschaftliche Machtstruktur, ähnlich wie es bei Sexismus oder Rassismus der Fall ist. Adultismus benennt das ungleiche Machtverhältnis zwischen „Erwachsenen" und „Kindern", welches die Gesellschaft und die direkten Bezie-

itz, Manuela (2008).
dultismus – (un)bekanntes
hänomen: Ist die Welt nur
r Erwachsene gemacht? In
andbuch Kinderwelten. Vielfalt
s Chance – Grundlagen einer
orurteilsbewussten Bildung
nd Erziehung. S. 128-136.
eiburg.
eicht geänderte Version
ehe auch hier:
tps://www.dtppp.com/
p-content/uploads/2015/12/
oschuere-wenn-
ssismus-aus-worten-spricht.
df. (S. 52-61)

hungen durchzieht und verweist auf die Unterdrückung und Diskriminierung von jüngeren Menschen.

Adultismus ist allgegenwärtig und zeigt sich in unzähligen Ausfertigungen in der Gesellschaft. Erwachsene (und in bestimmten Situationen ältere Kinder) profitieren davon und tragen oft unbemerkt, unbewusst und ungewollt zu der Aufrechterhaltung des Unterdrückungsverhältnisses bei.

Adultismus beruht auf der gesellschaftlichen Herstellung von Differenz entlang der Kategorie Alter.

Dabei geht es nicht um mögliche Unterschiede zwischen einer konkreten jüngeren und einer älteren Person. Problematisiert wird vielmehr die Konstruktion (= soziale Herstellung) von Kind-sein und Erwachsen-sein und die darauf bezogenen Bewertungen aus der Perspektive der erwachsenen Norm.

Wir können uns das vereinfacht so vorstellen, als würden zwei Schubladen aufgestellt (Erwachsene einerseits und Kinder andererseits) und da hinein werden alle ja durchaus sehr verschiedenen Menschen in Bezug auf ihr Alter sortiert. Oft landen Menschen unter 18 Jahre in der einen Schublade und Menschen über 18 Jahre in der anderen. Je nach Kontext werden zudem spezifischere altersbezogene Schubladen relevant, wie etwa Kleinkinder, Dreijährige, Jugendliche. Andere Sortierungen wie die nach Geschlecht, sozialer Herkunft oder dem Geburtsort der Eltern/Großeltern spielen gleichzeitig eine Rolle.

Über eine so hergestellte „Gruppe" existieren bestimmte gesellschaftlich geteilte Bilder und Vorstellungen. Hilfreich ist dafür der Begriff Zuschreibungen: Je nach Alter werden Eigenschaften, Lernziele, Fähigkeiten, Beweggründe und so weiter aus der Perspektive der Erwachsenen zugeschrieben.

> „Wenn Erwachsene davon ausgehen, dass sie intelligenter, reifer, kompetenter als Kinder und Jugendliche sind und daher über junge Menschen ohne deren Einverständnis bestimmen können, dann ist das Adultismus." (NCBI 2004, S 10)

Kindern wird zum Beispiel zugeschrieben, egoistisch, vielleicht trotzig aber auch niedlich, rücksichtslos, unreif oder nicht vertrauenswürdig zu sein. Erwachsene werden demgegenüber als schlau, erfahren, weitsichtig, verantwortungsvoll und vertrauenswürdig gedacht und wahrgenommen.

Erwachsen-sein ist die Norm in dieser Gesellschaft. Die Eigenschaften und Kompetenzen, die der oder dem „idealen Erwachsenen" zugeschrieben werden, sind der Maßstab, an dem sich der Blick auf und die Bewertungen von Kindern orientieren. Und wie das eben mit den Normen so ist, scheint dadurch alles so normal und selbstverständlich, dass es nicht leicht ist, die Verhältnisse zu hinterfragen.

Adultismus findet – wie andere Formen von Diskriminierung auch – auf verschiedenen Ebenen statt, die sich gegenseitig beeinflussen und stützen. Nach Manfred Liebel etwa können vier Kategorien von Diskriminierung unterschieden werden, die Kinder in der Gesellschaft betreffen.

1. Maßnahmen und Strafen gegen unerwünschte Verhaltensweisen von Kindern, die bei Erwachsenen geduldet werden oder als normal gelten;

> 2. Maßnahmen, die mit der besonderen Schutzbedürftigkeit von Kindern begründet werden, aber letztlich zu einer zusätzlichen Benachteiligung der Kinder führen, sei es, dass ihr Handlungsspielraum eingegrenzt wird, sei es, dass sie aus dem gesellschaftlichen Leben ausgegrenzt werden;
> 3. der im Vergleich zu Erwachsenen beschränkte Zugang zu Rechten, Gütern, Einrichtungen und Dienstleistungen;
> 4. Nicht-Beachtung der sozialen Gruppe der Kinder bei politischen Entscheidungen, die im späteren Leben der Kinder und für nachfolgende Generationen negative Auswirkungen haben.
> (Liebel 2010, S. 310)

Adultismus im Diskurs

Auch wenn wir als pädagogische Fachkräfte, Eltern, Bezugspersonen oder einfach als einzelne Menschen aktiv und bewusst bestimmte defizitorientierte Blicke auf Kinder und entsprechende Zuschreibungen ablehnen oder nicht teilen, umgeben uns diese doch permanent.

Wir finden vorherrschende Bilder und Bewertungen über Kinder und ihre Positionierung in der Gesellschaft insbesondere in Erziehungsratgebern, in Kinderbüchern, Filmen und Romanen, im Gespräch mit unseren Eltern, Therapeutinnen und Lehrern – und auch mit Nachbarn, U-Bahnfahrerinnen und Kassierern.

Eigentlich scheinen sich fast alle erwachsenen Menschen sehr gut mit Kindern, ihren Eigenschaften und dem notwendigen Umgang mit ihnen auszukennen und die meisten sind gerne bereit, ihr „Wissen" zu teilen.
Das ist mit vorherrschendem Diskurs gemeint!

Selbstverständlich gibt es permanent auch Verhandlungen und Veränderungen innerhalb der Gesellschaft und eine Vielzahl von unterschiedlichen Umgangsweisen und Praxen. Der vorherrschende Diskurs ist allerdings sehr wirkmächtig. Er erhält sich selbst, indem er uns eine „adultistische Brille" anbietet, die unsere Wahrnehmung in einer bestimmten Weise verzerrt und durch die sich die Schubladen, Zuschreibungen, Interpretationen und Bewertungen immer wieder bestätigen.

Adultismus ist, wenn die Freiheit und Selbstbestimmung jüngerer Menschen *ungerechtfertigt* eingeschränkt wird. Wer rechtfertigt die Einschränkungen?

Adultismus in Strukturen und Institutionen

Auch die Strukturen, die Einrichtungen, Regelungen und Gesetze bestehen vor dem Hintergrund dieses vorherrschenden Diskurses und verteilen Rechte, Möglichkeiten und Zugänge entlang von Alter.

Auf nationaler, regionaler und kommunaler Ebene besteht für junge Menschen unter 18 kein Wahlrecht. Auch innerhalb von Institutionen, die sie besuchen, haben Kinder gewöhnlich keine oder kaum Mitsprache in Bezug auf die Inhalte, das Personal, die Konzepte oder die Gestaltung der Räume.

Im Regelschulsystem werden Kinder meist in altershomogenen Klassen unterrichtet. Es wird nach einem von Erwachsenen entwickelten Lehrplan gearbeitet und oft noch auf Wissensvermittlung statt auf eigenständiges Lernen gesetzt. Die Leistungen der Schüler und Schülerinnen, aber auch ihr Verhalten werden durch Noten bewertet.

Richter, Sandra (2013). Adultismus: die erste erlebte Diskriminierungsform? Theoretische Grundlagen und Praxisrelevanz. https://www.kita-fachtexte.de/de/fachtexte-finden/adultismus-die-erste-erlebte-diskriminierungsform-theoretisch-grundlagen-und-praxisrelevanz

Auch in der grundlegenden Architektur der Stadt und der Gebäude erkennen wir, für wen die Welt gemacht ist: Treppenstufen, Türklinken, Lichtschalter oder Druckknöpfe an Ampeln: All dies befindet sich in einer für normentsprechend große Erwachsene guten Höhe.

Verinnerlichung von Adultismus

Wenn junge Menschen tagtäglich die Erfahrung machen, dass ihre Interessen, Bedürfnisse und Empfindungen nicht gehört, nicht einbezogen oder sogar abgewertet werden, nehmen sie Schritt für Schritt die Botschaft an, weniger wertvoll und weniger vertrauenswürdig zu sein (siehe vertiefend Juul 2008). Sie fangen an, selbst zu glauben, dass Erwachsene mehr Wissen und Kompetenz haben und dass es in Ordnung ist, dass diese bestimmen. Dies kann zu einem geringen Selbstgefühl und Selbstwertgefühl führen und zu fehlendem Vertrauen in sich selbst.

Das folgende Zitat, welches bei einem Interview mit Kindern einer Kita entstand, kann als extremes Beispiel von verinnerlichter Unterdrückung im Kontext von Adultismus verstanden werden. Auf die Frage, wie Kinder sind, antwortet ein Kind:

> Dass sie sich prügeln, sich ärgern, rumbocken, dass sie weinen manchmal, dass sie auch zickig sind, dass sie auch laut schreien, dass sie böse sind, dass sie nicht hören wollen, dass sie alles haben wollen. So, mehr fällt mir nicht ein. (Schirmer 2012, S. 36).

Im Alltag werden wir eher Äußerungen hören, wie diese von einem Kind in einem Workshop: „Die Erwachsenen machen die Regeln, weil sie das besser wissen als wir.“

Verinnerlichung von Adultismus bei Erwachsenen

Jede Bezugsperson, jedes Elternteil und jede pädagogische Fachkraft kennt Situationen, in denen sie in einem Ich-muss-dir-was-beibringen-Modus auf ein Kind einredet oder im Ich-weiß-es-besser-Modus argumentiert oder im Ich-muss-dich-erziehen-Modus droht, straft oder belohnt. Auch wenn wir viel darüber reflektiert und für uns definiert haben, wie wir gewaltfrei und gleichwürdig mit den Kindern umgehen wollen, kann in uns eine Stimme sein, die in den entscheidenden Momenten eine sehr klare Vorstellung von Gehorsam, Strafe und Schuld einbringt. Mal lauter, mal leiser und eben auch von Mensch zu Mensch sehr unterschiedlich. Gerade dann, wenn Überforderung die eigene Aufmerksamkeit für die konkrete Situation einschränkt oder wenn Themen berührt werden, die wir selbst aus unserer Biografie mitbringen. Vielleicht geht es zum Beispiel um den Umgang mit dem Essen oder um den Ausdruck von Wut gegenüber der erwachsenen Person. Dann kann es sein, dass eine Art Automatismus beginnt, der auf dem Aufwachsen in einer adultistischen Welt beruht.

Diese Momente zu erkennen und als Ausgangspunkt von Reflexionen zu nutzen, kann Ziel und Weg einer adultismuskritischen Auseinandersetzung sein.

Will ich mein eigenes Handeln in Bezug auf Adultismus hin untersuchen, kann ich mich auch fragen:

Dient es dem notwendigen Schutz des Kindes?

Inwiefern profitiere ich als Erwachsene davon? Wird es dadurch für mich einfacher, bequemer, angenehmer?

Dient es dazu, die Autorität der Erwachsenen zu bestätigen, zu festigen oder zu wahren?

Intersektionalität: Das Zusammenspiel verschiedener Formen von Diskriminierung

Die Machtposition als erwachsener Mensch speist sich nicht allein aus der privilegierten Positionierung in Bezug auf Adultismus. Vielmehr spielen viele verschiedene Machtverhältnisse eine Rolle. Rassismus etwa erhebt sogenannte weiße Menschen zur Norm und benennt Schwarze Menschen und people of color (so die Selbstbezeichnungen) als Abweichung. In Bezug auf eine beispielsweise weiße erwachsene Erzieherin spielen also mindestens beide Machtverhältnisse eine Rolle. So wird zum Beispiel ihre Definitions- und Deutungsmacht auch dadurch normalisiert und gestützt, dass diese Person unhinterfragt als Mitglied der dominanten Mehrheitsgesellschaft anerkannt wird und ihr bestimmte Kompetenzen, Wissensbestände, Eigenschaften und Perspektiven zugeschrieben werden, die möglicherweise bei einer Schwarzen Erzieherin nicht als selbstverständlich gesehen werden. Auch wenn sich ganz sicher die allermeisten Einrichtungen der Kinder- und Jugendarbeit explizit oder zumindest implizit gegen Rassismus wenden, ist dieser in unser aller Wahrnehmung und Denken und den gesellschaftlichen Diskursen durch dessen jahrhundertelange Tradition und Reproduktion tief verankert und seine Auswirkungen

Eine kurze Erklärung zu den Begriffen Schwarz, weiß und people of color findet sich hier: https://www.diversity-arts-culture.berlin/en/node/69

weitreichend.

Neben Rassismus sind unter anderem auch Ableismus, Sexismus, Heteronormativität und Klassismus wichtige Reflexionsperspektiven in Bezug auf die eigene Machtposition als Erwachsene und als pädagogische Fachkraft. Diese Begriffe verweisen wie Adultismus und Rassismus jeweils auf eine in der Gesellschaft vorherrschende Norm und kritisieren die diesbezüglich stattfindende Herstellung von Differenz, die Bewertungen, unterschiedlichen Behandlungen und Chancen als Teil von Diskriminierung in der Gesellschaft.

Weitere Erläuterungen und viele Erfahrungen in Bezug auf die verschiedenen Diskriminierungsformen finden sich in dieser Publikation:

Tanyılmaz, Tuğba u.a. (2015). Intersektionale Pädagogik: Handreichung für SozialarbeiterInnen, ErzieherInnen, Lehrkräfte und die, die es noch werden wollen. Download unter: http://www.i-paed-berlin.de/de/Downloads/

Alle diese Themen können für viele Erwachsene und pädagogische Fachkräfte neu und ungewohnt sein und es macht eher wenig Sinn, diese Ausführungen mal eben kurz und abstrakt zu referieren. Wichtig für die Praxis ist allerdings mindestens ein Grundverständnis über verschiedene Formen von Diskriminierung, die dahinterliegenden gesellschaftlichen Machtverhältnisse und deren gleichzeitige Wirksamkeit in Alltag, Praxis und Strukturen. Und das auch deswegen, weil wir durch alle diese Brillen gleichzeitig auf die Kinder in der Klasse, der Nachbarschaft, dem Spielplatz und der Kita schauen.

Die Zuschreibungen, die wir jüngeren Menschen gegenüber vornehmen, machen sich nicht allein an ihrem Alter fest. Auch Geschlecht, Gender, die finanziellen Mittel der Eltern und zum

Beispiel deren Geburtsort können durchaus eine bedeutsame Rolle spielen. Je nach Kombination von sichtbaren Zugehörigkeitsmerkmalen nehmen wir das Verhalten eines Kindes unterschiedlich wahr, interpretieren und bewerten es. Auch unsere Reaktion kann entsprechend allein aufgrund der Einsortierung des Kindes unterschiedlich ausfallen. Gelingt es uns, dies immer wieder in der Reflexion greifbar zu machen, wächst unser Verständnis und unser Bewusstsein für die Auswirkungen von Diskriminierung in der Praxis.
Die Auseinandersetzung mit Adultismus lädt uns ein, uns auf den Weg zu machen, eine insgesamt vorurteilsbewusste und diskriminierungskritische Praxis zu entwickeln.

Adultismus hängt auch in einer weiteren Hinsicht mit anderen Formen von Diskriminierung zusammen. Er bereitet ihnen als erste erlebte Diskriminierungsform in gewisser Weise den Boden. Manuela Ritz schreibt hierzu:

> Adultismus ist die erste fundamentale Unterdrückungserfahrung eines jeden Menschenlebens. In einem Alter, in dem Lernen oft unbewusst erfolgt, erleben wir, wie sich Macht, Machtmissbrauch und Machtlosigkeit anfühlen und wie Machtspiele funktionieren. Als Kinder werden wir darauf konditioniert, dass es ‚normal' ist, dass es ein ‚Oben' und ein ‚Unten' gibt und dass es erstrebenswert ist, ‚oben' zu sein. Diese Konditionierung mag ausschlaggebend dafür sein, dass wir auch andere Diskriminierungsformen wie Rassismus, Ageismus, Heterosexismus, Ableismus als ‚normal' hinnehmen und daher nicht erkennen, manifestieren oder im wehrhaften Umgang mit derartigen Folgediskriminierungen immer wieder kläglich scheitern. (Ritz 2008, S.135)

Kinderrechte und Adultismus

Irgendwie haben alle schon einmal etwas von Kinderrechten gehört. Und wahrscheinlich würden die meisten Menschen, die dieses Buch hier lesen, eine Auflistung der Kinderrechte vermutlich ohne zu zögern unterschreiben. Vielleicht haben viele auch schon einmal ein Projekt in der Kita dazu gemacht oder in der Familie über die verschiedenen Artikel gesprochen.

Wenn wir uns vor dem Hintergrund einer kritischen Auseinandersetzung mit erwachsener Macht mit der UN-Kinderrechtskonvention beschäftigen, werden darüberhinaus einige zentrale Aspekte deutlich, die für die Entwicklung von gleichwürdigen Beziehungen zu jüngeren Menschen spannend und wertvoll sein und die Reflexion unserer (alltäglichen) Praxis unterstützen können.

Die UN-Kinderrechtskonvention

Die UN-Kinderrechtskonvention wurde 1989 verabschiedet und ist mittlerweile von allen Staaten der Erde außer den USA unterzeichnet. Die Kinderrechtskonvention kann durchaus als revolutionär bezeichnet werden. Sie nimmt die Achtung der Würde von Kindern und Jugendlichen zum Ausgangspunkt und stellt neben den Schutzpflichten explizit das Partizipationsrecht von Kindern in den Vordergrund.

Zusammenfassung der Kinderrechte in einfacher Sprache:

1. Das Recht auf Gleichbehandlung und Schutz vor Diskriminierung unabhängig von Religion, Herkunft, Hautfarbe, Sprache, Geschlecht, Vermögen oder Behinderung.
2. Das Recht auf Gesundheit.
3. Das Recht auf Bildung und Ausbildung.
4. Das Recht auf Freizeit, Spiel und Erholung.
5. Das Recht auf freie Meinungsäußerung und Beteiligung.
6. Das Recht auf eine gewaltfreie Erziehung und eine Privatsphäre.
7. Das Recht auf Schutz im Krieg und auf der Flucht.
8. Das Recht auf Schutz vor wirtschaftlicher und sexueller Ausbeutung.
9. Das Recht auf eine Familie, elterliche Fürsorge und ein sicheres Zuhause.
10. Das Recht auf besondere Fürsorge und Förderung bei Behinderung.

Angelehnt an das Unicef-Poster. Siehe https://www.unicef.de/blob/10548/a749378694751531f9b90fba0505a883/f0015-kinder-haben-rechte-2012-pdf-data.pdf

Amtliche Fassung der UN-Kinderschutzkonvention zum Download:
Bundesministerium für Familie, Senioren, Frauen und Jugend (Hg.) (2018). Übereinkommen über die Rechte des Kindes. https://www.bmfsfj.de/bmfsfj/service/publikationen/uebereinkommen-ueber-die-rechte-des-kindes/86530

Würde

In Artikel 1 des Grundgesetzes heißt es: „Die Würde des Menschen ist unantastbar. Sie zu achten und zu schützen ist Verpflichtung aller staatlichen Gewalt".

Damit ist gemeint: Die Würde des Menschen ist verletzlich. Deswegen braucht es eine besondere Aufmerksamkeit und Anstrengung, diese zu ermöglichen, zu wahren, zu achten und zu schützen.

Dabei ist Würde ein eher selten reflektierter Begriff, dem wir über eine erfahrungsorientierte Annäherung am besten auf die Spur kommen.

Was verbinde ich persönlich mit dem Begriff „Würde“?

Welches Verhalten mir gegenüber stärkt das Gefühl für meine eigene Würde? Wodurch empfinde ich meine Würde als gewahrt?

Was empfinde ich eher als Verletzung meiner Würde? Was empfinde ich als entwürdigend?

Was stelle ich mir unter gleichwürdigen Beziehungen zwischen Erwachsenen und Kindern vor?

Wohl des Kindes

Die UN-Kinderrechtskonvention bezieht sich in Artikel 3 Absatz 1 auf das Kindeswohl und dessen vorrangige Berücksichtigung bei der Rechtsprechung, Gesetzgebung und der öffentlichen Fürsorge. Wörtlich heißt es in der deutschen Fassung: „Bei allen Maßnahmen, die Kinder betreffen, (...) ist das Wohl des Kindes ein Gesichtspunkt, der vorrangig zu berücksichtigen ist.“

Dieser Artikel dient zunächst einmal der Eingrenzung der Macht der Erwachsenen.

Damit können wir uns auf Forschungsreise begeben und fragen, inwiefern in der eigenen alltäglichen Begleitung der Kinder und in der pädagogischen Praxis der Kindertagesstätte und Grundschule tatsächlich immer wieder die Frage nach dem Wohl des Kindes im Vordergrund steht?

Gibt es genug Momente, in denen wir innehalten und uns

bemühen, aus der Perspektive der Kinder auf eine Handlung oder Entscheidung zu schauen?

Zudem können wir uns fragen:

Wer definiert eigentlich, was des Kindes Wohl ist?

Oft sind es die Erwachsenen.

Eltern, Hauptbezugspersonen und pädagogische Fachkräfte haben viel vermeintliches Wissen über kindliche Entwicklung und angemessene Erziehung erfahren und erlernt. Damit gehen oft verallgemeinerte Vorstellungen einher, die unsere Wahrnehmung und Interpretation von konkreten Situationen beeinflussen.

Wo definieren, bewerten und interpretieren wir aus unserer Perspektive als Erwachsene und mit welchen Auswirkungen?

Das ist ein Teil von Adultismus. Oft ist diese Form der Überlegenheit der Erwachsenen so stark verinnerlicht, dass es wenig Irritation auslöst, wenn Erwachsene besser darüber Bescheid wissen, was das Beste für Kinder ist, als diese selbst. Auch Kinder haben meist die Botschaft verinnerlicht, dass sie sogar sie selbst betreffende Entscheidungen schlechter einschätzen können, als die Erwachsenen.

Wie können Kinder mehr mit dem gehört und gesehen werden, was sie brauchen?

Beschwerdemöglichkeiten

In der Diskussion um die Umsetzung der Kinderrechte und die realen Möglichkeiten der Partizipation wurde immer wieder kritisch angemerkt, dass Kinder sich formell und real nur sehr schwer für ihre

Rechte (auch unabhängig von Erwachsenen) einsetzen können.

Mittlerweile ist nun in Deutschland jede Einrichtung der Kinder- und Jugendhilfe dazu verpflichtet, geeignete Verfahren der Beteiligung umzusetzen, sowie Möglichkeiten der Beschwerde in persönlichen Angelegenheiten anzubieten und konzeptionell zu verankern. Dies ist in § 45 SGB VIII geregelt.

> Beschwerdeverfahren sind auch maßgeblich für die Qualität pädagogischer Beziehungen: Wenn Kinder sich beschweren, geben sie wertvolle Rückmeldungen. Wird auf sie eingegangen, können sie das Selbstbewusstsein der Kinder durch Selbstwirksamkeitserfahrungen stärken. Beschwerdeverfahren tragen zudem zum Schutz vor sexualisierter Gewalt und anderen Formen gewaltvoller Übergriffe bei (vgl. https://kids.kinderwelten.net/de/Beschwerdeverfahren%20an%20KiTas/).

> Zu Beschwerdeverfahren in Kitas finden sich viele spannende Überlegungen auf der Website des Projekts „Kids - Kinder vor Diskriminierung schützen“ https://kids.kinderwelten.net/de/Beschwerdeverfahren%20an%20KiTas/

Nun steht die Entwicklung der Beschwerdeverfahren insbesondere in der frühkindlichen Bildung noch ganz am Anfang und es gibt viele Fragen:

Wie gelingt es uns als Erwachsenen, die Beschwerden der Kinder als solche zu erkennen?

Entscheiden wir doch am Ende wieder aus Erwachsenenperspektive, was eine angemessene Form von Beschwerde ist, die wir ernst nehmen?

Inwiefern beeinflussen wir mit unseren Erklärungen, Interpretationen und Bewertungen die Situation?

Reagiert zum Beispiel eine pädagogische Fachkraft auf eine direkte oder indirekte Beschwerde eines Kindes, indem sie das Kind belächelt, sich rechtfertigt, das Kind auf dessen Fehler hinweist oder seine Aussage in einer anderen Weise nicht ernst nimmt, wird die Macht als erwachsene Person missbraucht und dem Kind die Definitionsmacht über sein eigenes Erleben, seine Wahrnehmung und seine Grenzen verwehrt. Eine wichtige Chance ist vertan: Das Vertrauen des Kindes in die pädagogische Fachkraft und deren Position als Verbündete und Schützende wird eher weniger als mehr, der Glaube an diese ganze Kinderrechtegeschichte und Beteiligungsverfahren wahrscheinlich auch.

Damit Kinder wirklich von ihrem Recht Gebrauch machen können, braucht es Erwachsene, die ihnen ganz selbstverständlich das Gefühl vermitteln, dass sie an ihren kritischen Rückmeldungen wirklich interessiert sind – nämlich deswegen, weil sie lernen möchten.

Kinderrechte in der Kindertageseinrichtung: https://www.kinderschutzbund-nrw.de/pdf/MuKiK%20-%20Finale%20Version.pdf

Kein Schutz vor Diskriminierung bezüglich des Alters

Die UN-Kinderrechtskonvention stellt ganz klar, dass Diskriminierung gegenüber Kindern unzulässig ist. In Artikel 2 der Konvention heißt es: „Die Vertragsstaaten achten die in diesem Übereinkommen festgelegten Rechte und gewährleisten sie jedem ihrer Hoheitsgewalt unterstehenden Kind ohne jede Diskriminierung unabhängig von der Rasse, der Hautfarbe, dem Geschlecht, der Sprache, der Religion, der politischen oder sonstigen Anschauung, der nationalen, ethnischen oder sozialen Herkunft, des Vermögens, einer Behinderung, der Geburt oder des sonstigen Status' des Kindes, seiner Eltern oder seines Vormunds."

Auffällig dabei ist, dass – genau wie auch im deutschen Grundgesetz – die Ungleichbehandlung in Bezug auf das jüngere (oder höhere) Alter einer Person nicht als Diskriminierung benannt wird. Kinder werden anderen Kindern gegenüber gleichgestellt, aber nicht Erwachsenen gegenüber.

Der UN-Ausschuss für die Rechte der Kinder, der die Einhaltung der Bestimmungen überwacht, weist allerdings immer wieder auf altersspezifische Diskriminierung hin.

Auch was den Kinderschutz und die Beschwerdeverfahren angeht, wird in letzter Zeit verstärkt darauf hingewiesen, Adultismus explizit mit aufzunehmen.

Es lässt sich also durchaus eine Bewegung erkennen.

Partizipation und Demokratiebildung

Nicht immer und überall ist es selbstverständlich, dass Kinder mit ihrer Meinung gehört und ernst genommen werden.
Wir können uns fragen: Was hindert uns eigentlich daran, die Meinungen der Kinder in allen sie betreffenden Entscheidungen zu berücksichtigen und uns auch durch ihre Ideen inspirieren zu lassen?

Meistens wird mindestens ein Teil der Antwort sein: Wir als Erwachsenen müssten dafür ein Stück Macht und damit ein Stück Kontrolle abgeben. Wir können uns dann nicht mehr sicher sein, dass sich unsere Vorstellungen davon, was gut und richtig und gesund und wertvoll für die Zukunft ist, durchsetzen. Außerdem ist es anstrengend, dauernd zu verhandeln, und Zeit braucht es auch noch. Partizipation kann für Erwachsene durchaus unbequem sein.

Ein Recht auf Partizipation

Aber: Kinder haben ein Recht auf Partizipation.
Artikel 12 der UN-Kinderrechtskonvention fordert uns auf, Kinder so früh wie möglich und so weit wie möglich in die Entscheidungen mit einzubeziehen, die sie selbst betreffen. In § 8ff Sozialgesetzbuch (SGB) VIII ist dieses Recht als verbindliche Praxis für die Kindertagesstätte ausformuliert.

Gleichzeitig braucht es auch dort wieder einen bewussten und verantwortlichen Umgang mit der eigenen Macht. Denn wieder liegt die Einschätzung und Entscheidung darüber, wie sehr ein Kind nach seiner Meinung gefragt wird und wie sehr diese einzubeziehen ist, bei den Erwachsenen. Wir sind alle aufgefordert, uns auf individueller und struktureller Ebene aktiv darum zu bemühen, Barrieren abzubauen und Zugänge zu eröffnen.

Welchen Spielraum habe ich?

Woran kann ich erkennen, wenn meine Bemühungen die Kinder überfordern?

Deutsches Rotes Kreuz (Hg.) (2014). Anwaltschaftliche Vertretung in DRK-Kindertagesstätten. Berlin. http://drk-wohlfahrt.de/uploads/tx_ffpublication/Anwaltschaftliche_Vertretung_in_DRK-Kindertageseinrichtungen.pdf

Das Recht auf Partizipation gilt bereits für ganz junge Kinder.
Denn mit den ersten Erfahrungen in frühen Jahren wird „der Grundstein für Beteiligung gelegt (...). Erste Partizipationserfahrungen macht das Kind durch die Zuerkennung von Autonomie. Wenn ein Kind zum Beispiel signalisiert, dass es satt ist und die Erzieherin hört auf, dem Kind Essen zu geben, wird dem Kind Autonomie über seine Nahrungsaufnahme eingeräumt. Gleichzeitig wird ihm ein Signal gegeben dass seine ‚Meinung' wahrgenommen und beachtet wird. Das Kind erkennt, dass sein Tun eine Folge hat, und wird damit fortfahren, seine Meinung zu äußern." (Priebe 2012, S. 20)

Wir können uns fragen:

Nehme ich die Mimik und Gestik wahr und ernst, mit der sehr junge Kinder ihre persönliche Grenze zeigen?

Frage ich ein Kind um Einverständnis, wenn ich es zum Beispiel hochnehmen oder wickeln möchte?

Akzeptiere ich ein Nein?

Machen Kinder immer wieder die Erfahrung, mit ihren persönlichen Grenzen respektiert zu werden, können sie ein gesundes Selbstgefühl und Selbstwertgefühl aufbauen. Sie werden sich davon ausgehend mehr und mehr dafür einsetzen können, was sie wollen und brauchen und Vertrauen darin entwickeln, dass sie und ihre Meinung wichtig und wertvoll sind.
Das sind schon einmal gute Voraussetzungen für Partizipation.

Wenn wir von der Kita als Ort der demokratischen Bildung sprechen, dann geht es hier insbesondere um die

> (...) Entwicklung politischer Persönlichkeiten. Dazu gehören die Haltung, sich zuständig zu fühlen für die eigenen Belange und die der Gemeinschaft, und die Kompetenz, sich konstruktiv streiten zu können, also eigene Interessen vertreten, sich in andere hineinversetzen und es aushalten zu können, wenn man sich nicht durchsetzen kann (Hansen 2003).

Das lässt sich natürlich nicht vermitteln, sondern nur über die eigene Erfahrung entwickeln. „Kinder lernen Demokratie, indem sie Demokratie leben." (Hansen/Knauer/Sturzenhecker 2011, S.11)

Welche konkreten Möglichkeiten die Kinder dafür in der Kindertagesstätte und der Grundschule haben, liegt an der Bereitschaft der Erwachsenen, sich auf den Weg zu machen. Ein Team kann zum Beispiel in einem gemeinsamen Prozess klären:

Was entscheidet jedes Kind für sich alleine? Etwa, was und wie viel es essen, was es anziehen oder ob es am Morgenkreis teilnehmen möchte.

Welche Entscheidungen treffen Erwachsene und Kinder zusammen? Etwa, welcher Ausflug stattfindet, wo die Spielküche im Raum aufgebaut wird oder was beim Sommerfest passieren soll.

Und was entscheiden die Erwachsenen alleine? Hören sie dabei die Meinungen der Kinder an?

Vielleicht welche neue Erzieherin angestellt wird, was alles mit ins Konzept aufgenommen wird oder wie die neuen Öffnungszeiten sind?

Vielleicht gibt es auch in der einen oder anderen Familie so klare Leitlinien oder zumindest Lust, sich in den gemeinsamen Diskussionsprozess zu begeben?

Höhme-Serke, Evelyne: Partizipation in der Kindertagesstätte. Erfahrungen mit Veränderungsprozessen in dem Projekt „Demokratie leben in Kindergarten und Schule" in Eberswalde. http://liga-kind.de/fk-505-hoehme/

Wer sich bewusst für den Weg der gleichwürdigen (und ich meine damit nicht gleichberechtigten) Partizipation entscheidet, macht sich auch persönlich auf den Weg, mehr Klarheit über die eigenen Werte, Überzeugungen und persönlichen Grenzen zu gewinnen. Denn dann geht es wirklich darum, was für die konkret Beteiligten in einem ganz bestimmten Kontext die beste Entscheidung ist. Dafür brauchen wir alle Gedanken, Ideen und Meinungen – und keine vorgefertigten Erziehungsratgeber.

Das Projekt „Demokratie leben — von Anfang an“

Das Projekt „Demokratie leben – von Anfang an! Demokratieförderung in DRK-Kindertageseinrichtungen“ wird als Teil des Bundesprogramms „Demokratie leben!“ durch das Bundesministerium für Familie, Senioren, Frauen und Jugend (BMFSFJ) gefördert.

Das Projekt zielt darauf, demokratisches Handeln in den frühkindlichen Bildungsstätten zu fördern und diese als Orte zu gestalten, in denen die Kinder sich wirklich entfalten können, mit ihren Bedürfnissen und Meinungen gehört werden und ihre Lernumgebung aktiv mitbestimmen können. Voraussetzung dafür ist, dass die sie begleitenden pädagogischen Fachkräfte verantwortungsvoll mit ihrer Macht umgehen, die Grenzen der Kinder wahren und ihnen achtsam und respektvoll begegnen. Was für die meisten Fachkräfte als Selbstverständlichkeit gilt, kann doch plötzlich schwierig werden, wenn die Kinder nicht freiwillig machen, was die pädagogische Fachkraft vorschlägt und Personalmangel, Stress oder Überforderung den Moment mitbestimmen. Für die Reflexion von grenzüberschreitendem Verhalten, mangelnden Partizipationsmöglichkeiten und die Entwicklung einer Teamkultur, in der alle wachsen und auch mal Fehler machen dürfen, brauchen pädagogische Fachkräfte Begleitung.

Deswegen setzt das DRK-Projekt auf die Fortbildung der Fachberatungen und Leitungen, die die Reflexions- und Entwicklungsprozesse in den pädagogischen Teams initiieren und langfristig unterstützen können.

Die Grundlage für die Fortbildungen stellt das Curriculum „Was MACHT was?!“ dar, das zwischen 2013 und 2016 durch die

Kinderschutzgruppe des DRK in seinen Grundzügen entwickelt und von meinem Kollegen Johannes Neumann und mir weiter konzipiert und verfasst wurde. Das Curriculum enthält sieben Module und beschreibt konkrete Methoden, wie eine Auseinandersetzung etwa mit Macht, Schuld, Strafe und der eigenen Biografie begleitet werden und eine Haltung der Wertschätzung, Gleichwürdigkeit und der Selbstfürsorge entwickelt werden kann.

Auch das vorliegende Kinderbuch- und Fortbildungsbuch „Machtgeschichten" ist Teil des Projekts „Demokratie leben – von Anfang an! (...)". Es bietet den pädagogischen Fachkräften einen direkten Zugang zu dem Themenkomplex und richtet sich explizit auch an Eltern und Bezugspersonen sowie vor allem an die Kinder selbst. Das Buch möchte Kindern einen Rahmen bieten, in dem sie ihre eigenen Erfahrungen mit Erwachsenen gespiegelt sehen und darüber in einen direkten Austausch treten können. Nun sprechen nicht mehr nur die Erwachsenen darüber, wie sie Kindern gegenüber gleichwürdiger und respektvoller handeln können, sondern die Kinder selbst sind Teil der Gespräche und Prozesse.

Weitere Informationen zum Projekt „Demokratie leben – von Anfang an. Demokratieförderung in DRK-Kindertageseinrichtungen" finden sich unter https://www.duvk.de/was-wir-machen/drk/
www.demokratie-leben.de
www.drk-wohlfahrt.de

Wie Adultismus in Erziehung steckt

Schuld, Grenzen, Lob und Strafe sind Teil eines weit verbreiteten Erziehungsverständnisses. Mindestens jedoch mogeln sie sich bis heute unbewusst und unbemerkt in unser Handeln und Denken hinein und beeinflussen unsere Wahrnehmung und Interpretation.

Alle diese Konzepte sind Teil von Adultismus. Sie verdeutlichen, wie die Macht der Erwachsenen funktioniert und welche Auswirkungen dies für die Kinder und ihre weitere Entwicklung haben kann.

Die meisten von uns sind selbst mit Erwachsenen aufgewachsen, die uns diese Denk- und Handlungsmuster vorgelebt haben, und wir haben diese mehr oder weniger verinnerlicht. Wenn wir uns damit auseinandersetzen, wächst unser Verständnis und Mitgefühl für die Kinder, die wir heute begleiten. Wir können uns – wohlwollend uns selbst gegenüber – auf den Weg machen, unser eigenes Handeln zu reflektieren und Alternativen zu entwickeln und zu leben.

Schuld und Beschuldigen

Besonders tiefgreifend können in diesem Sinne die Reflexionen rund um das Thema Schuld sein. Das Thema ist sehr komplex und tief verwurzelt in unserer Gesellschaft, in vielen Religionen, in unserer Sprache, unseren Beziehungen. Es scheint uns etwas „Natürliches“ zu sein.

Auffällig ist im Kontext von Beziehungen zwischen Erwachsenen und Kindern insbesondere das Beschuldigen. „Wegen dir kommen wir jetzt zu spät“, „Warum musst du denn gleich so los schreien“, „Ich habe es dir ja gesagt“… Die andere Person macht etwas falsch und ist schuld, wenn etwas nicht so läuft, wie ich es mir wünsche. Wir denken dann: Der Grund, warum ich mich so fühle, liegt im Verhalten der anderen Person. Wenn wir genau hinschauen, erkennen wir, wie wir damit die Verantwortung für unsere Gefühle abgeben.

Diese Art von Projektion ist für junge Kinder durchaus sinnvoll. Nämlich dann, wenn grundlegende Bedürfnisse nicht erfüllt wurden und das kindliche noch nicht ausgereiftes Nervensystem mit den starken Emotionen nicht umgehen konnte. Im weiteren Aufwachsen haben die meisten von uns die Schuldzuweisung nach außen vermutlich eher weiter verinnerlicht und als Teil ihres sozialen Handelns etabliert. Es wurde uns wahrscheinlich von uns umsorgenden Erwachsenen, von pädagogischen Fachkräften und Lehrpersonen ganz selbstverständlich vorgelebt und wir fanden es in der Gesellschaft in den Strukturen repräsentiert (Schuld und Strafe, Gefängnis, Rechtswesen...).

Für Kinder haben Beschuldigungen durch Erwachsene weitreichende Auswirkungen: Bei ihnen kommt die Botschaft an, dass etwas an ihnen „falsch“ ist, und ihr Selbstgefühl und Selbstwertgefühl werden gestört. Sie erleben sich als ohnmächtig, weil sie in besonderer Weise abhängig von den guten Beziehungen zu den sie begleitenden Erwachsenen sind. So kann es leicht passieren, dass Kinder sich dem Schuldurteil der Erwachsenen unterwerfen und lernen, Teile ihrer Persönlichkeit zu unterdrücken. Später übernimmt unsere „innere Kritikerin“ beziehungsweise unser „innerer Kritiker“

diese Funktion der Schuldzuweisung, was weiterhin dazu führt, dass wir nicht frei und wir selbst sein können.
Wie kommen wir nun da raus?

Zu erkennen, wie tief wir in dem Konzept Schuld verankert sind, benötigt sehr viel Auseinandersetzungs- und Reflexionsarbeit. Ausgangspunkt dieses Lernprozesses ist es, den Blick auf mich selbst zu richten und zu schauen, was in mir passiert. „Was führt bei mir zu solch starken Gefühlen, wenn die andere Person auf die Art handelt, wie sie es tat?" „Woher kommt dieses starke Gefühl?" Diese Reflexionsarbeit ist für viele Menschen ungewohnt, weil es hier nicht mehr um richtig und falsch und Rechthaben geht und wir viel mit dem eigenen biografischen Gepäck zu tun haben werden.

Den Blick auf uns selbst zu richten bedeutet, die eigenen Grenzen zu erkennen, aber auch Verantwortung für den Umgang mit unseren Gefühlen zu übernehmen. Meine Wut wird dann vielleicht nicht auf die gewohnte und weit verbreitete Art befriedigt, indem sie auf jemand anderes projiziert wird. Und vielleicht werde ich Momente von Verunsicherung, Scham oder Frustration deutlicher wahrnehmen. Dann kann ich lernen, dies alles als meine Gefühle anzuerkennen – und zu hören, was sie mir zu sagen haben.

Indem ich Verantwortung für „das Meine" übernehme, habe ich die Möglichkeit zu verstehen und zu lernen, zu agieren statt zu reagieren und damit zu wachsen.

Freitag, Christina. Emotionale Begleitung in der Elementarstufe. Schuld, Scham und Schuldgefühl. http://kindergartenpaedagogik.de/fachartikel/bildungsbereiche-erziehungsfelder/soziale-und-emotionale-erziehung-persoenlichkeitsbildung/2293

Larsson, Liv (2012). Wut, Schuld und Scham: Drei Seiten der gleiche Medaille. Paderborn.

Grenzen

„Sich der eigenen Grenzen bewusst werden, statt anderen Menschen Grenzen setzen!“ könnte ein liebevoller Rat für Eltern sein oder ein Transparent auf einer Demo für Kinderrechte.

Nach wie vor ist die Haltung „Kindern muss man Grenzen setzen“ an der Tagesordnung. „Hör auf, so zu schreien“, „Nicht rennen!“, „Man isst nicht mit den Händen“.

Dass dieses Setzen von Grenzen aus einer machtvollen Position heraus geschieht und letztlich ein Akt der Gewalt ist und dass eigentlich damit die eigenen Bedürfnisse gewahrt werden sollen, ist den Erwachsenen oft gar nicht bewusst.

Es ist auch nicht so einfach, darüber Bewusstsein zu erlangen. Ähnlich wie das Beschuldigen ist auch das Grenzensetzen gegenüber Kindern stark verinnerlicht und nach wie vor ein ziemlich selbstverständlicher Teil von Erziehungskonzepten und damit ein wunderbarer Ausdruck von Adultismus in unserer Gesellschaft.

Kinder orientieren sich an Grenzen. Sie lernen, in welchem Rahmen sie sich bewegen können, um weiterhin in einer harmonischen Beziehung zu ihrer Umwelt zu sein. Die Frage ist jedoch:

Welche Art der Orientierung brauchen die Kinder?

Wie würden wir es uns wünschen, dass sich Kinder orientieren?

Wie wünschen wir uns, wie mit uns selbst umgegangen wird?

Ein wichtiger Paradigmenwechsel ist daher, uns von der Vorstellung allgemeingültiger, für alle unhinterfragt geltender Normen zu verabschieden und stattdessen zu lernen, unsere persönlichen Grenzen zu spüren, zu kommunizieren und zu erkennen, was dahintersteht.

Wenn ich bemerke, dass mir das Verhalten einer anderen Person gerade zu laut, zu wild, ja völlig überdreht vorkommt und ich bemerke, dass ich beginne, die Person dafür zu verurteilen, kann ich mich fragen:

Wie geht es mir gerade?	*z.B. überfordert*
Was brauche ich gerade?	*z.B. einen Moment Ruhe*
Was ist mein Bedürfnis?	*z.B. Entspannung*
Was kann ich selbst tun, um mein Bedürfnis zu erfüllen?	*z.B. Aufmerksamkeit auf mich richten, den Raum kurz verlassen, atmen*
Was brauche ich vielleicht von anderen, um mein Bedürfnis zu erfüllen?	*z.B. nach draußen gehen, leiser zu sein*

Dabei geht es nicht darum, bestimmte Formulierungen zu lernen und zu nutzen, wenn sich diese nicht stimmig anfühlen. Vielmehr geht es um die Grundhaltung dahinter und dann darum, sich authentisch zu zeigen und in unserer eigenen Art und Weise auszudrücken.

Wie alle Menschen wollen auch Kinder wissen, was in ihren Mitmenschen vorgeht. Durch den offenen Kontakt und den transparenten Umgang mit den eigenen Bedürfnissen entsteht ein Miteinander, in dem Wünsche und Bitten geäußert werden können. Menschen haben Lust, Bedürfnisse zu erfüllen — die eigenen und die ihrer Mitmenschen. In beiden Fällen müssen sie allerdings in der Lage sein, mit sich selbst in Kontakt zu sein und zu wissen, was sie brauchen und wollen.

Voraussetzung dafür, dass Kinder gerne die Grenzen anderer respektieren, ist die Erfahrung, dass auch ihre eigenen Grenzen von den Erwachsenen respektiert und gewahrt werden.
Hier können wir uns kritisch fragen:

Wie gehe ich mit den Grenzen um, die ich seitens der jüngeren Menschen kommuniziert bekomme? Respektiere ich diese genauso wie die Grenzen einer anderen erwachsenen Person?

Wenn nicht, was hindert mich daran?

Wenn Kinder die Erfahrung machen, dass ihre eigenen Grenzen von den sie liebenden Erwachsenen nicht ernst genommen werden, was lernen sie dann?

In der Praxis der Kindertagesstätte oder der Schule geht es häufig um die Frage, wie ein Umgang mit der formulierten Grenze eines Kindes aussehen kann. Oft können wir strukturell bedingt nicht alle konkreten Anliegen der Kinder umsetzen. Aber wir können ihre Grenzen hören und ernst nehmen! Und dann vielleicht gemeinsam nach Wegen suchen, die dahinterliegenden Bedürfnisse auf andere Art und Weise zu erfüllen.

Jesper Juul ist ein dänischer Familientherapeut, der sich für einen gleichwürdigen Umgang zwischen Kindern und Erwachsenen einsetzt. Seine Texte sind angenehm zu lesen, klar, radikal und spannend.
Im Internet finden sich viele Interviews, Zeitungsartikel, Videos von und mit Jesper Juul. Die folgenden beiden Bücher vertiefen die Reflexion für den privaten bzw. professionellen Alltag.

Juul, Jesper (2008). Das kompetente Kind. Auf dem Weg zu einer neuen Wertgrundlage für die ganze Familie. Reinbek bei Hamburg.
Juul, Jesper / Jensen, Helle (2009). Vom Gehorsam zur Verantwortung. Für eine neue Erziehungskultur. Weinheim. Basel.

Lob

Oft höre ich von Menschen, dass sie sich mehr Lob in der Erziehung und Begleitung von jüngeren Menschen wünschen. Damit meinen sie meist, nicht nur das zu thematisieren, was das Kind falsch oder schlecht gemacht hat, sondern auch das zu benennen, was es gut macht und kann. Nur: Wer entscheidet das?

Lob trägt immer ein bestimmtes Machtverhältnis in sich. Es ist nicht möglich zu loben, ohne für sich das Wissen zu beanspruchen, was gut und schlecht ist, was richtig und falsch ist. Die/der Lobende geht davon aus, dass eine Norm existiert, von der aus sich das Lobenswerte und das Nicht-Lobenswerte erstreckt. Diese Norm kann von den Lobenden selbst geschaffen worden sein (anhand ihrer Werte) oder sie orientiert sich etwa an gesellschaftlich geteilten Werten.

Marshall Rosenberg schreibt dazu: „Und wenn mein Wert davon abhängig ist, ob mich jemand lobt, dann ist mein Selbstwert gleich null. Dann gebe ich all meine Macht in die Hände von anderen."

Vielleicht wird ein Kind von seinem Vater gelobt: „Das hast du ganz toll gemacht, so lange still zu sitzen, während wir uns unterhalten haben." Er umarmt es und sieht es liebevoll an. Vielleicht ist es für den Vater ein großer Wert, dass Kinder lernen, sich zurückzuhalten und erwachsene Gespräche nicht zu stören. Vielleicht war es ihm auch einfach nur wichtig, genau dieses Gespräch in Ruhe zu führen. Das Kind erfährt es nicht. Es lernt vor allem: Wenn ich still bin und nicht störe, erfahre ich Liebe und Anerkennung von meinem Vater.

Ein anderes Kind hört von der Erzieherin: „Oh, was für ein schönes Bild. Du kannst wirklich sehr gut malen!“ Vielleicht sagt sie sogar in die Runde: „Schaut mal, wie genau Marlene die Menschen gemalt hat! Also wirklich toll!“. Marlene wird vielleicht versuchen, bald wieder ein Bild mit Menschen zu malen, die der Erzieherin gefallen könnten, und es ihr hinhalten. Die wilden, bunten, sich überschneidenden Kreise mit Wackelhandtechnik malt sie nicht mehr.

Jost, Anna Christina (2015). Warum Montessori-Kinder nicht gelobt werden und was sie statt dessen bekommen. https://www.elternvommars.com/2015/05/warum-montessori-kinder-nicht-gelobt.html

Lob lenkt davon ab, für mich selbst zu spüren, ob ich zufrieden, fröhlich oder eher frustriert mit meinem Handeln bin. Genau diese Einschätzung im Kontakt mit mir selbst ist es aber, die bei der Entwicklung von Selbstgefühl und Selbstwertgefühl so wertvoll ist und einen Motor für die ganz eigenen Lernprozesse darstellt.

Lob kann auch süchtig machen. Es kann dazu führen, dass Menschen bestimmte Dinge tun, lernen oder herausstellen, weil sie ihnen positive Bewertungen einbringen. Ihr Selbstwertgefühl kann davon abhängig werden. Möglicherweise wird es schwieriger, aus sich heraus zu entscheiden, was ich will und was ich brauche. Und es kann mit Angst verbunden sein, für sich selbst einzustehen, wenn dies den lieben Bezugspersonen missfallen könnte.

Mik, Jeannine (2017). Lob, Strafen ur Konsequenzen in der Erziehung? https://www.mini-and-me.com/lob-strafen-und-konsequenzen-fuer-kinder-echte-alternativen-fuers-leben-mit-kindern-im-video-mit-mag-sandra teml-jetter/

Hier wird deutlich, wie sehr Lob – sicherlich oft ungewollt – als heimliches Gegenstück zu Strafe funktioniert.

Auch Belohnen gehört in dieses System. Wenn wir einem Kind für erwünschtes, aus unserer Sicht „richtiges“ Verhalten eine Belohnung bieten oder in Aussicht stellen, können wir noch leichter erkennen, wie darin Konditionierung, Kontrolle und Manipulation versteckt sind. Und das kann auch dann passieren, wenn wir schlicht aus Überforderung oder Verunsicherung handeln und uns in keinster Weise mit solchen Maßnahmen identifizieren.

Loben oder belohnen wir manchmal ein Kind?

Ganz bewusst – vielleicht weil wir es unterstützen möchten – oder auch unbewusst – ein Satz, der einfach so aus uns heraus kommt? Welche Botschaft könnte das Kind dabei erhalten?

Wie könnte ich meine Freude, Unterstützung oder Wertschätzung anders ausdrücken?

Strafe

Strafe als Erziehungsmittel wird mittlerweile sehr kritisch diskutiert. Viele Eltern, Hauptbezugspersonen und pädagogische Fachkräfte würden von sich sagen, dass sie in der Begleitung jüngerer Menschen nicht auf Strafe zurückgreifen.

Unter Strafe werden dann meist Handlungen gezählt, die ganz offensichtlich mit einer Einschränkung der Freiheit des Kindes einhergehen und als Erniedrigung und Beschämung erlebt werden. Etwa, wenn wir sagen „Mir reicht es jetzt! Dauernd schreist du hier rum! Du gehst jetzt bis zum Mittagessen in den gelben Raum!“ Eine Androhung von Strafe wäre zum Beispiel aber auch: „Wenn du jetzt nicht aufräumst, gehen wir später nicht in den Zoo.“

Strafe oder die Androhung von Strafe löst Angst aus. Diese Angst führt möglicherweise dazu, dass, zumindest für eine begrenzte Zeit, eine Anpassung an die Forderung der Erwachsenen passiert.

Ein nachhaltiger Lernprozess wird so nicht ermöglicht. Das Kind wird vermutlich mehr und mehr den Kontakt und das Vertrauen in die erwachsene Person verlieren und wird weniger offen sein für die Bedürfnisse dieser. Wahrscheinlich gibt es auch eher weniger Interesse daran, deren Erklärungen zu hören.

Strafe ist in gewisser Weise ein Versuch, die eigenen Interessen aus einer Machtposition heraus durchzusetzen. Aber was heißt denn, „erfolgreich Interessen durchsetzen“? Und um welche Interessen geht es eigentlich?

Geht es darum, meine Machtposition und Autorität zu wahren oder ein bestimmtes Verhalten zu erzwingen?

Möchte ich Menschen dazu bringen, dass sie mir gehorchen und tun, was ich will?

Wie kann ich vielmehr zu einem verantwortungsvollen Umgang beitragen?

Wieder einmal braucht es das große Vertrauen, dass Kinder kooperieren wollen. Und es braucht Geduld auf dem Weg, sie in ihren Lernprozessen zu begleiten. Wir können als Erwachsene immer wieder zu Gesprächen einladen, in denen beide Seiten lernen können, etwas von den jeweiligen Interessen und Bedürfnissen der anderen Seite zu verstehen. Dann können auch die Konsequenzen (im Sinne von Auswirkungen, siehe unten) des Handelns des Kindes für andere Menschen zum Thema werden. Dabei können auch reale Gefahren, Bedenken, Sorgen ausgedrückt werden.

Sind beide Personen in Kontakt miteinander und wird das Gespräch offen und gewaltfrei geführt, ist es sehr wahrscheinlich, dass wir verstanden werden. Bei den Kindern kann so die Eigenmotivation wachsen, bestimmte Dinge nicht oder zum Beispiel in Rücksicht auf andere zu tun.

Konsequenzen

Seit einiger Zeit werden Konsequenzen als eine Art neues Paradigma in der Erziehung herausgestellt. Wenn wir genauer hinschauen, werden im Fachdiskurs und im Bereich der Erziehungsratgeber unter diesem Begriff auch Handlungen gerechtfertigt, die sich durchaus als Strafe fassen lassen.

Wenn zum Beispiel eine erwachsene Person ein Kind bittet, mit einem bestimmten Verhalten aufzuhören und dabei ankündigt, dass es, wenn es das noch einmal macht, nicht mehr bei dem Spiel mitmachen darf und diese Ankündigung bei der nächsten Grenzüberschreitung auch konsequent umsetzt, dann sind wir meines Erachtens beim Thema Strafe angelangt.

Was bedeutet es, wenn Konsequenz seitens der Erwachsenen mehr Bedeutung und Selbstverständlichkeit im Diskurs gewinnt? Geht es hier nicht wieder allem voran um die Wahrung der Autorität der Erwachsenen und damit die Aufrechterhaltung der Machtverhältnisse?

Sicher kursieren gerade sehr viele unterschiedliche Verständnisse davon, was mit Konsequenz in der Begleitung von jüngeren Menschen gemeint ist.
Für mich jedenfalls ist es hilfreich, bei der eigentlichen Bedeutung des Wortes zu bleiben und Konsequenzen mit Folgen oder Auswir-

kungen zu übersetzen. Und zwar den Auswirkungen, die ein Handeln einer Person quasi „natürlicherweise“ in der Umgebung hat beziehungsweise das, was es bei den konkreten Menschen persönlich auslöst, die an der Situation beteiligt sind oder mit der Person in Beziehung stehen.

Natho, Frank (2013). Mythos Konsequenz. Zur Wirkungslosigkeit von Strafe, von Macht und Ohnmacht in der Erziehung: https://www.dgsf.org/service/wissensportal/mythos-konsequenz-2013

Die Konsequenz von einem konkreten Verhalten eines Kindes ist dann zum Beispiel, dass das Spiel dadurch gestört wird und es den Mitspielenden dadurch vielleicht weniger Spaß macht, oder sie dadurch frustriert sind und vielleicht sogar keine Lust mehr haben mitzuspielen. Wenn es öfter vorkommt, haben sie vielleicht kein Vertrauen mehr darein, dass das Spiel mit dem entsprechenden Kind gut klappt und möchten gar nicht mehr mit ihm spielen.

Da diese Menschen unterschiedliche Menschen sind, die die Situation unterschiedlich erleben, werden die Auswirkungen für sie auch unterschiedlich sein. Insofern können wir als erwachsene Begleitperson nur Vermutungen darüber anstellen, was es vielleicht für andere Menschen auslösen kann. Besser noch können wir dazu beitragen, dass das Kind eine direkte ehrliche Rückmeldung von den Menschen bekommt, die an der Situation beteiligt waren.

Und wir können selbst etwas darüber mitteilen, was es mit uns macht und was wir brauchen.

So kann das Kind etwas über die Bedürfnisse und Grenzen der verschiedenen Menschen lernen und mehr und mehr Verantwortung für sein eigenes Handeln übernehmen.

Gleichwürdige Beziehungen

Die Auseinandersetzung mit Adultismus und die kritische Betrachtung unseres eigenen Verhaltens kann viel Lust auf Veränderung machen und auch gleichzeitig viel Verunsicherung mit sich bringen.

Letztlich kann nur jede Person für sich selbst, in der Familie, mit Freundinnen, im Team und vor allem in Kontakt mit den Kindern herausfinden, welchen Weg sie nun einschlagen möchte. Es braucht Mut und Überzeugung, Neues auszuprobieren, wieder zu reflektieren und gegebenenfalls zu verwerfen und für einen längeren Zeitraum auf der Suche zu sein.

Im besten Fall können wir dies gemeinsam mit anderen tun! Und glücklicherweise kann genau dieser Prozess auch viel Kraft und Energie geben!

Die folgenden Seiten möchten eine Annäherung daran ermöglichen, was es bedeuten kann, unsere Beziehungen zu Kindern gleichwürdiger zu gestalten. Es ist eine unvollständige Aufstellung verschiedener Aspekte und Bezüge, die uns als Impulse auf dem Weg helfen können. Manches sicher mehr und manches weniger, das wird von Mensch zu Mensch ganz unterschiedlich sein.

Erziehen, begleiten oder führen?

Wie können wir Kinder nun verantwortungsvoll im Aufwachsen begleiten, sie in der Entwicklung von Kompetenzen unterstützen und ihnen dabei Orientierung bieten?

Jesper Juul hat sich dazu sehr klar und radikal positioniert: Er ermutigt uns, im professionellen wie im privaten Kontext, endlich aus den Rollen auszusteigen und uns als authentische Menschen zu zeigen. Nur wenn wir diese scheinbare Verpflichtung, eine Rolle spielen zu müssen, ablegen, können wir in echten Kontakt mit den Kindern und uns selbst treten (siehe dazu vertiefend Juul 2009).
Er schlägt vor, auf das Erziehen zu verzichten und stattdessen in Beziehung zu sein. In gleichwürdigen Beziehungen, in denen wir als Erwachsene die Verantwortung für die Qualität eben dieser tragen und uns mit unseren persönlichen Grenzen und Verletzlichkeiten zeigen.

Juul spricht in diesem Zusammenhang auch von der Führung durch Erwachsene. In der englischen Übersetzung wird von „guidance“ oder auch „empathic guidance“ gesprochen. Führung bedeutet in diesem Sinne eine klare Orientierung, was die Bezugsperson mag, wertvoll findet oder nicht will, der gegenüber sich das Kind ohne Angst verhalten kann. Damit geht eine Authentizität und Verantwortungsübernahme einher, die auf Gleichwürdigkeit und damit der Anerkennung der persönlichen Grenzen der anderen Person basiert. Lernen ist darin dann ein gegenseitiger Prozess.

Für mich ist auch der Begriff der Begleitung wertvoll. Darin steckt in besonderer Weise das Bild, dass wir nicht den Weg, die Themen und die Etappen der Entwicklung bestimmen, uns aber auf die Reise mitnehmen lassen. Gleichzeitig bemühen wir uns beim Begleiten darum, unsere eigenen Themen und Fragen zu klären.

Mir ist es wichtig, dass damit deutlich wird, dass eine Aufgabe der eigenen Macht und Verantwortung als Erwachsene – wie sie etwa einer „Laissez-faire-Pädagogik" oder mancher Art antiautoritäter Erziehung innewohnen – keine von mir gemeinte Alternative zu gewaltvollem und unterdrückendem Handeln aus der Machtposition darstellt.

In den Geschichten in diesem Buch werden verschiedene Verhaltensweisen von Erwachsenen beschrieben. Dabei kommen auch solche vor, die ich als gleichwürdig, adultismuskritisch, bedürfnisorientiert oder als grenzwahrend, also „die Grenzen der anderen Person respektierend", bezeichnen würde.

Nun geht es aber nicht darum, tolle Schlagwörter für einen irgendwie dann doch „besseren" Umgang mit den Kindern zu finden. Vielmehr geht es darum, zu erforschen, was an welchem Umgang wertvoll ist und warum es so einen Unterschied für das Aufwachsen und die Beziehung untereinander macht.

Letztlich können wir uns immer wieder die Fragen stellen:

Welche Auswirkungen hat dieses Handeln gerade für die jüngere Person?

Welche Botschaft erhält die jüngere Person?

Was lernt sie?

Und was macht es mit unserer Beziehung?

Gedanken als Gedanken erkennen

Wenn es mir gelingt, in einer herausfordernden Situation mit einer jüngeren Person einen Moment innezuhalten und wahrzunehmen, was ich gerade denke, ist ein großer Schritt gemacht. Dann kann ich erkennen, dass diese Gedanken voller Interpretationen und Bewertungen sind und mich bemühen, ihnen weniger Bedeutung zu geben und mich in meinem Handeln nicht so sehr von ihnen leiten zu lassen.

Vielleicht denke ich: „Sie sollte dem Besuch gegenüber nicht so unfreundlich sein." Oder: „Das macht er jetzt, um mich zu provozieren." Oder: „Wenn ich jetzt ja sage, wird sie immer mehr wollen..."

Ist das wirklich wahr?

Ist das die Perspektive, mit der ich auf die Situation zugehen will?

Oder ist es vielleicht so eine Art „Erziehungsautomat" in mir, der auf gespeichertes Material zurückgreift?

Naomi Aldort schreibt in ihrem Buch „Von der Erziehung zur Einfühlung" eindrücklich, wie wir mit Gedanken, die aus so einer bewertenden Erziehungsperspektive kommen, umgehen könnten. Sie stellt sich diesen Moment vor, als würden auf einem Computerbildschirm in unserem Inneren automatisch diese Sätze auftauchen, die uns nahegelegt werden, auszusprechen. Sie nennt das „alte Aufzeichnungen", die für den Moment in der Gegenwart sind. Daher sei es das Wichtigste, das was dort steht, nicht einfach laut vorzulesen!

Sie schlägt vielmehr vor, diese Gedanken still im Inneren zu erforschen. Das geht in der konkreten Situation ganz kurz und zu einem anderen Zeitpunkt ausführlicher in Ruhe. Vielleicht sind es Erinnerungen, vielleicht auch Ängste, wahrscheinlich jedenfalls spiegeln sie nicht unsere eigene Meinung oder Haltung wider. Wir können uns dann auch fragen, ob diese Gedanken vielleicht etwas Spannendes über uns selbst aussagen?

Es kann hilfreich sein, uns kurz bewusst zu machen, was passieren würde, wenn wir diesem Gedanken Folge leisten. Wie würden wir dann mit dem Kind umgehen? Was würde das für die Situation und die Beziehung bedeuten?

Und was wäre, wenn wir diesen Gedanken gar nicht hätten oder er in dieser Situation keine Auswirkungen hätte?

Aldort, Naomi (2005). Von der Erziehung zur Einfühlung. Wie Eltern und Kinder gemeinsam wachsen können. Freiamt.
Artikel, Audios, Videos auf english:
https://www.naomialdort.com/
Artikel auf deutsch:
https://www.arbor-verlag.de/naomi-aldort

Eine kurze Reflexion dieser Art kann es uns ermöglichen, erst einmal wieder mit unserer ganzen Aufmerksamkeit und Offenheit beim Kind zu sein.

Dann könnten wir genau hinhören, was das Kind sagt und ausdrückt. Wir können Wertschätzung für seine Gefühle bekunden und unser Verständnis für das, was passiert ist, ausdrücken, ohne dabei unsere eigenen Gefühle und unser eigenes Drama hinzuzufügen oder irgendwas in Ordnung bringen zu müssen. Wir können die jüngere Person dazu ermutigen, ihre Gefühle ganz auszudrücken und ihr vertrauen, dass sie dann wieder nach vorne blicken und eine Lösung finden kann (vgl. Aldort 2005).

Was in uns lebendig ist

Wir können uns bemühen, in Handeln und Haltung so häufig wie möglich von dem auszugehen, was gerade „in uns lebendig ist“, wie es Marshall Rosenberg aus Perspektive der Gewaltfreien Kommunikation genannt hat. Was fühle ich gerade? Was will ich? Was brauche ich? Diese Fragen können uns helfen, nicht in bewertenden Gedanken verstrickt zu bleiben, sondern die Gefühle und Bedürfnisse zum Ausgangspunkt zu machen. Vielleicht ist da Verunsicherung, Aufregung oder Ärger und dahinter steckt das Bedürfnis nach Verbindung, Vertrauen oder Leichtigkeit. Diese Erkundung dessen, was jetzt gerade im Moment da ist, ist in vielen Fällen ein innerer Prozess, der mir Klarheit bringt, und gleichzeitig ist es die Grundlage einer möglichen Kommunikation mit der anderen Person.

Gewaltfreie Kommunikation nach Marshall Rosenberg

Viele Alternativen, die hier angedeutet werden, beziehen sich grundlegend auf die Gewaltfreie Kommunikation nach Marshall Rosenberg. Dieser liegt ein tiefes Verständnis von Machtmissbrauch und Gewalt in der Gesellschaft und den zwischenmenschlichen Beziehungen zugrunde. Die gewaltfreie Kommunikation lädt uns dazu ein, das bewertende Denken in „richtig“ und „falsch“ als Hindernis zu entdecken und uns mehr und mehr dem konkreten Moment zuzuwenden. Die Gewaltfreie Kommunikation beinhaltet dabei weit mehr, als den Dreischritt aus Gefühlen, Bedürfnissen und Bitten der Reihe nach in der eigenen Praxis durchzuführen. Dahinter verbirgt sich vielmehr eine Grund-

Rosenberg, Marshall (2001). Gewaltfreie Kommunikation. Paderborn.

Auf www.youtube.com finden sich zahlreiche Videos als Einführung in die Gewaltfreie Kommunikation durch Marshall Rosenberg.

haltung, die dazu einlädt, immer wieder mit mir selbst in Verbindung zu kommen und für mich selbst zu untersuchen, wie ich mich gerade fühle und was ich brauche, und mich auch anderen gegenüber mit einer solchen Haltung empathisch zuzuwenden.

Persönliche Rückmeldung und persönliche Grenzen

Von da ausgehend, kann ich eine persönliche Rückmeldung geben, die nicht bewertend ist. Ich kann mitteilen, was das Verhalten der anderen Person gerade bei mir auslöst. Ich kann von mir sprechen, wie es mir gerade geht und vielleicht auch eine Bitte an die andere Person aussprechen. Die Grundlage ist dann nicht der Gedanke, dass diese andere Person etwas falsch gemacht hat und jetzt etwas zu lernen hat, sondern vielmehr mein persönliches Erleben der Situation und mein Wunsch nach einem für mich angenehmen Kontakt, in dem meine persönlichen Grenzen respektiert werden. Ich gehe davon aus, dass es wichtig ist, dass ich dir immer wieder sage, was ich (nicht) will oder mag, damit du darauf achtgeben kannst, aber ich erwarte nicht, dass du etwas deswegen ab sofort nie wieder machst.

Aber Kinder brauchen doch Grenzen!? … sagen viele Menschen und meinen damit doch irgendeine Form von konsequenter Durchsetzung. Vivian Dittmar sagt dazu:

> Die Antwort ist zugleich einfach und doch komplex: Es sind die Beziehungen, die wir mit unseren Kindern eingehen, die ihnen Halt und Orientierung geben, nichts mehr und nichts weniger (…). Mit unseren Kindern in Beziehung zu treten bedeutet also weder, sie einfach sich selbst zu überlassen, noch sie nach unseren Vorstellungen zu erziehen (Dittmar 2014, S.15).

Wenn ich von persönlichen Grenzen spreche, gehe ich davon aus, dass alle Menschen unterschiedliche Grenzen haben, die durchaus auch von Situation zu Situation variieren können. Damit hinterfrage ich ein Verständnis von allgemeingültigen sozialen Grenzen als selbstverständliche Orientierung, wie sie in Formulierungen wie „Das macht man nicht“ oder „Es wird nicht geschmatzt“ anklingen.

Kann ich sagen, dass es mich persönlich stört? Stört es mich denn persönlich?

Wenn wir von persönlichen Grenzen sprechen, dann geht es dabei immer auch um einen Kontakt, der nicht bewertend ist.

Wertschätzung

Persönliche Rückmeldungen erfahren Kinder nicht nur in Bezug auf unsere Grenzen. Wir wollen ihnen auch kommunizieren, was uns freut, erfüllt und berührt und können uns auch dabei bemühen, keine Bewertungen zu vermitteln.

Wertschätzung kann sich in unterschiedlichsten Formen zeigen. Wertschätzung ist wie ein Spiegel, in dem andere Personen ihren eigenen Wert wiedererkennen. Wertschätzung ist, die Schönheit des Lebens zu sehen, zu fühlen, zu denken und dies mit anderen Lebewesen zu teilen.

Kinder wollen gesehen werden, und Wertschätzung ist, das Kind zu sehen.

Seine Freude zu sehen und ihm das zu zeigen.

Ich würde dann vielleicht sagen: „Ich habe dich die Rutsche runterrutschen sehen und du hast voll gestrahlt.“ Oder nachfragen: „Du bist die ganze Bahn geschwommen. Wie geht es dir damit?“

Dabei kann ich meine Freude ausdrücken.

Sicherlich ist der Grad zwischen dem Ausdruck der eigenen Freude und dem, was für das Kind als Lob verstanden wird, oft schmal. Wichtig ist vor allem, dass wir unsere persönliche Sprache darin finden und authentisch bleiben. Wir können dabei aufmerksam sein, ob wir mit dem Gesagten bestimmte Erwartungen verbinden und genau hinschauen, wie das Kind auf unsere Ausssage reagiert. Im Zweifelsfall drückt sich Wertschätzung eher in weniger Worten aus und lässt viel Raum für das Kind.

> **Peter-H. Reynolds**. (2008). Der Punkt. Kunst kann jeder. Hildesheim, Gerstenberg. https://kindergeschichten.files.wordpress.com/2016/04/kunst-kann-jeder.pdf

Wertschätzung ist in erster Linie eine Haltung, die verbunden ist mit den Begriffen Respekt und Wohlwollen und drückt sich aus in Zugewandtheit, Interesse und Aufmerksamkeit. Die bestätigende Anerkennung, die der Wertschätzung innewohnt, stärkt das Vertrauen eines Menschen in seinen eigenen Wert und macht ihn damit unabhängiger und freier von den Bewertungen anderer.

Spannende Fragen für die eigene Erkundung könnten sein:

Kann ich Wertschätzung mir gegenüber gut annehmen?

Kann ich mir selbst auch Wertschätzung geben?

Vertrauen

Grundlegend für eine gleichwürdige Beziehung ist aus meiner Sicht das Vertrauen in das Kind und seinen eigenen Weg. Und das Vertrauen darauf, dass es einen „guten Grund“ für das Verhalten hat, auch wenn es mir vielleicht nicht sinnvoll oder sogar wie eine bewusste Handlung gegen mich erscheint.

Fällt es mir manchmal schwer, dieses Vertrauen zu haben?

Wie kann ich von mir aus dazu zurückkommen?

Wie kann der Kontakt zwischen Erwachsenen und Kindern aussehen? Wie können wir als Subjekte miteinander in Beziehung sein?

Für grundlegend wertvoll und bereichernd halte ich diesbezüglich die Expertise des Neurobiologen Gerhard Hüther. Unter dem Titel „Momente gelingender Beziehungen" gibt es ein tolles Video von ihm: https://www.youtube.com/watch?v=9lE3nxFQ6u8

Hüther, Gerald (2004). Kinder brauchen Vertrauen. Die Bedeutung emotionaler Sicherheit für die Entwicklung des kindlichen Gehirns. https://www.dijg.de/ehe-familie/forschung-kinder/vertrauen-entwicklung-hirn/

Konzept des guten Grundes

Das „Konzept des guten Grundes" lädt uns ein, offen und neugierig hinter die Verhaltensweisen zu schauen, die auf den ersten Blick vielleicht verunsichern, stören oder verletzen. Wir gehen dann davon aus, dass es für die Person bewusst oder meist eher unbewusst einen „guten Grund" dafür gibt, so zu handeln. Mit Bezug auf die Gewaltfreie Kommunikation nach Marshall Rosenberg könnten wir auch sagen, es sind Versuche, grundlegende Bedürfnisse zu erfüllen. Etwa nach Kontakt, Sicherheit, Autonomie oder Integrität. Es ist das Beste, was die Person gerade in der Lage ist zu tun.

Wir können danach fragen und ein ganz anderes Gespräch eröffnen. Es geht nicht unbedingt darum, diese „guten Gründe" immer zu verstehen. Manchmal ist es nicht möglich und wenig hilfreich, sich in Analysen und Interpretationen zu verlieren. Allein der Gedanke daran, dass es sicher etwas dahinter gibt, was dieses Handeln in der anderen Person begründet und für sie sinnvoll macht, kann es uns ermöglichen, in eine eher zugewandte, offene Haltung zu kommen und der Dramatisierung zu entgehen.

Empathisch zuzuhören, wohlwollend zu ergründen und zu verstehen, heißt nicht, dass wir dadurch automatisch einverstanden sind mit den gewählten Umgangsweisen. Auch darin können wir unsere persönlichen Grenzen kommunizieren.

Kritische aber wohlwollende Selbstreflexion

Auch uns selbst gegenüber ist die Frage nach den guten Gründen für unser Verhalten hilfreich. Immer wenn wir in einer Weise handeln, die für andere Menschen (in dem Kontext konkret jüngere Menschen) verletzend, unterdrückend oder verunsichernd ist, können wir davon ausgehen, dass es in uns einen „guten Grund" für diesen Umgang mit der Situation gibt. Das ist, wie schon verdeutlicht, keine Entschuldigung oder Rechtfertigung für das Verhalten, sondern eine Blickrichtung, die eine tiefere Erforschung ermöglicht und unsere Bedürfnisse wertschätzt.

Gleichzeitig geht es darum, die Auswirkungen der von uns gewählten Strategien zur Erfüllung unserer Bedürfnisse ernst zu nehmen und nach anderen Umgangsweisen zu suchen, die weniger schmerzhaft für die Kinder und die Beziehungen unter uns sind.

Wenn wir uns auf den Weg machen, die Beziehungen zu jüngeren Menschen zu verändern und Verantwortung für unser Handeln aus der Machtposition übernehmen, sind wir zunächst über einen längeren Zeitraum mit Bewusstwerdung beschäftigt. Wir beginnen immer öfter zu bemerken, wann unsere Wahrnehmung durch eine Art „Erziehungsautomaten" gesteuert und unser Handeln gewaltvoll ist, nehmen die Reaktionen der Kinder, ihre Verletzungen und ihre Widerstände deutlicher wahr.

Das kann für manche Menschen mit starker Verunsicherung und tiefen Selbstzweifeln verbunden sein. Plötzlich steht alles in Frage und ich mache scheinbar alles falsch! „Ich will doch die Kinder nicht verletzen!" Wenn dies geschieht, ist es hilfreich, den vielleicht scharf verurteilenden Worten der selbstkritischen Stimme in mir nicht lange zuzuhören.

Wie kann ich mir selbst eine gute Unterstützung in einem solchen Moment sein?
Wie kann ich die Wut mir selbst gegenüber ziehen lassen, die Traurigkeit zulassen und bedauern, was passiert ist?

Wenn es mir gelingt, den Anspruch loszulassen, perfekt zu sein, ich meine Begrenzungen annehmen kann, kann mir jeder Moment schmerzhafter Bewusstwerdung und kritischer Reflexion wieder Mut und Lust machen für den längst begonnenen Weg der Veränderung.

Bedauern ausdrücken und Rückmeldungen willkommen heißen

Verantwortlich mit der eigenen Macht umzugehen heißt auch, Verantwortung für das eigene Handeln zu übernehmen. Und weil wir auf unserem Lernprozess noch sehr lange immer wieder ungewollt die Grenzen von jüngeren Menschen überschreiten und Verletzungen und Unwohlsein auslösen werden, ist es sinnvoll, dass wir uns damit auseinandersetzen, wie wir darüber mit den Kindern sprechen wollen.

Wie kann ich der jüngeren Person gegenüber mein Bedauern darüber zum Ausdruck bringen, was passiert ist?

Was hindert mich vielleicht auch daran?

Fällt es mir schwer, mich zu entschuldigen?

Oder möchte ich vielleicht auf diese Formel nicht zurückgreifen?

Welche Worte und Momente sind für mich passend?

Vielleicht will ich dem Kind auch meine Dankbarkeit darüber mitteilen, dass es mich mit ihrer Wut auf etwas aufmerksam gemacht hat, was ich bis dahin nicht gemerkt hatte. Vielleicht will ich die Kinder einladen, mir immer wieder zu sagen und zu zeigen, was ich ihrer Meinung nach weiter üben könnte.

Wichtig ist aus meiner Perspektive, darauf zu achten, wie viel Raum wir mit unseren Erklärungen einnehmen. Und wann sich doch ein kleines „aber ..." einschleicht, dass die Botschaft möglicherweise wieder zunichte macht.

Alle lernen und wachsen

Kinder zu begleiten ist ein ständiger Prozess des Lernens und Wachsens. Wir haben als in dieser Gesellschaft aufgewachsene „Erwachsene" so viel zu lernen – vielleicht auch wieder zu lernen — und zu verlernen. Wenn wir dies wirklich begreifen und selbstverständlich leben, werden unsere Beziehungen gleichwürdiger – weil wir die Ebene der erwachsenen Überheblichkeit verlassen und mit uns selbst mehr und mehr in Kontakt kommen.

Damit einher geht für mich auch, als Erwachsene anzuerkennen und zuzugeben, dass ich vieles von dem, was ich jüngeren Menschen zu lernen wünsche, vielleicht selbst nicht gut kann. So, wie vielleicht meine Grenzen und die anderer Menschen zu achten, „Stop!" zu sagen, anstatt „zurückzuschlagen", klar zu sagen, was ich will und konstruktiv mit Konflikten umzugehen. Auch hier geht es um eine Art inneres Eingeständnis, die dadurch veränderte Wahrnehmung der Situationen und das Verhältnis zwischen Erwachsenen und Kindern. Mein eigenes Lernen und das der jüngeren Personen als einen Prozess zu sehen, macht es dann auch leichter, Erwartungen an konkrete Resultate loszulassen. Jede herausfordernde Situation wird dann wieder zu einer Möglichkeit, Neues auszuprobieren und zu lernen.

Verbündete sein

Ein verantwortungsvoller Umgang mit der eigenen Macht als Erwachsene bezieht sich nicht nur auf die Beziehung. Ich verbinde damit auch ein aktives Einsetzen für eine kritische Auseinandersetzung mit Adultismus und seinen vielen „normalisierten" Spielarten. Dies kann auch eine Sensibilisierung und Positionierung in der Öffentlichkeit, im Team und allen möglichen Erwachsenen gegenüber bedeuten, die sich entwürdigend, abwertend oder diskriminierend gegenüber Kindern verhalten oder entsprechend über diese sprechen. Hilfreiche und ermutigende Anregungen bietet dafür das Verbündeten-Konzept. Wenn Erwachsene Verbündete von Kindern werden, setzen sie sich mit ihrer gesellschaftlichen Machtposition auseinander. Sie entwickeln ein solidarisches und unterstützendes Verhalten über die konkreten Beziehungen hinaus und versuchen so, Diskriminierung und Unterdrückung entgegenzuwirken.

> Verbündete sind Menschen, die ihre eigenen Privilegien reflektieren und bereit sind, Veränderungen in Kauf zu nehmen und sich für solche einzusetzen, auch auf das Risiko hin, dass sich ihr eigener Status verändert (Weinbach/Czollek 2008, S. 13).

Kinder können aus ihrer Position heraus nicht allein zur Veränderung der Verhältnisse beitragen. Sie brauchen verbündete Erwachsene, die sich an ihre Seite stellen und sie unterstützen, ihnen Räume eröffnen und ihnen Gehör verschaffen, ohne dabei in die Paternalismus-Adultismus-Falle zu geraten.

Vom Umgang mit Gefühlen

Dieses Buch legt besonderen Wert auf die Auseinandersetzung mit Gefühlen. Die Gefühle sowohl der Kinder als auch der erwachsenen Begleitpersonen werden genau beschrieben, die Lesenden und Zuhörenden werden immer wieder eingeladen, aus ihrer Perspektive zu sagen, wie sich die Hauptfiguren vielleicht fühlen könnten.

Auch in den Handlungen der Geschichten geht es viel um den Umgang mit Gefühlen. Oft bemühen sich die Erwachsenen, den Gefühlen der Kinder Raum zu geben und ihnen Worte anzubieten für das, was sie fühlen. Sie leben auch ihre eigenen Gefühle und benennen diese.

Genau diese Möglichkeit, Gefühle zu benennen, auszudrücken und bei anderen Menschen zu begleiten, ist eine zentrale Komponente für einen gleichwürdigen, empathischen Kontakt miteinander.

Gefühle sind dazu da, mit dem umzugehen, was passiert. Und zwar jedes Gefühl auf seine eigene Weise. Vivian Dittmar geht dabei von fünf Grundgefühlen aus, die jeweils eine ganz besondere Funktion für uns erfüllen (vgl. Dittmar 2014).

Wut taucht dann in uns auf, wenn wir mit etwas nicht einverstanden sind, wenn wir etwas als falsch oder ungerecht bewerten, wenn unsere Grenzen verletzt werden. Die Energie, die dem Gefühl Wut zugrunde liegt, die Wutkraft, hilft uns, „Stop!“ und „Nein!“ zu sagen, Veränderungen herbeizuführen, unsere Grenzen zu schützen – zu handeln.

Trauer fühlen wir, wenn wir etwas schade finden oder wenn etwas nicht so möglich ist, wie wir es uns wünschen. Die Trauerkraft hilft uns, die Dinge so anzunehmen, wie sie sind und unsere Vorstellung oder unseren Wunsch loszulassen. Zu trauern macht auch wieder Platz für etwas Neues.

Freude fühlen wir, wenn unsere Bedürfnisse erfüllt sind und wenn wir etwas als gut oder schön bewerten. Freudekraft lässt uns strahlen. Die Energie der Freude hilft uns auch, Wertschätzung auf Augenhöhe auszudrücken.

Angst taucht dann in uns auf, wenn wir uns an den Grenzen des Vertrauten befinden. Wenn wir nicht wissen, was nun kommt und denken, es könnte vielleicht schrecklich oder auch einfach nur aufregend sein und in dem Moment weder Handlung (Wut) noch Annahme (Trauer) in Frage kommen. Angst als Gefühlskraft kann uns darin unterstützen, etwas Neues auszuprobieren und dabei aufmerksam zu sein für mögliche Herausforderungen und Gefahren.

Ditttmar, Vivian (2014). Kleine Gefühlskunde für Eltern. Wie Kinder emotionale und soziale Kompetenz entwickeln. Rettenbach.

Scham fühlen wir dann, wenn wir unser eigenes Verhalten als nicht richtig oder unangemessen interpretieren. Die Energie der Scham richtet sich auf uns Selbst. Sie ermöglicht im besten Falle Selbstreflexion und Entwicklung und hilft uns, Verantwortung für unser Handeln zu übernehmen.

Meist fällt es uns schwer, unsere Gefühle als wertvoll und wichtig anzuerkennen.

Stattdessen herrscht in weiten Teilen der westlichen Gesellschaft (un)bewusst eher eine Abwehr gegenüber Gefühlen vor, die mit dem Fokus auf rational-analytischem Denken einhergeht. Zudem werden viele Gefühle als negativ bewertet und als unangenehm empfunden, so dass es manchmal sinnvoller erscheint, ihnen aus dem Weg zu gehen.

Diesen Umgang mit Gefühlen kennen wir vielleicht aus unserem Alltag und unserer Geschichte. Vielleicht ist es ungewohnt und herausfordernd für uns, Gefühle zu benennen. Wir merken, wie wenige Begriffe wir für unsere Gefühle aktiv zur Verfügung und wie wenig Zugang wir zu dieser in uns liegenden Ebene haben. Vielleicht ist es auch so, dass die Menschen um uns herum ihre Gefühle eher nicht zeigen. Vielleicht haben wir auch als Kinder von unseren Eltern, Bezugspersonen und Lehrerinnen und Lehrern wenig Gefühle erlebt und gehört. Möglicherweise haben wir wenig explizite Anerkennung oder sogar Abwertung unserer eigenen Gefühle erfahren und uns angewöhnt, diese zu unterdrücken oder zu verstecken. Zumindest geht es vielen Menschen so.

Die Begleitung von jüngeren Menschen ist für uns heute in Bezug auf das Thema Gefühle eine besondere Herausforderung und gleichzeitig eine besondere Chance. Wir kommen permanent mit den ungefilterten lebendigen Gefühlen der Kinder in Kontakt, die wiederum in uns Emotionen und verinnerlichte Muster hervorrufen und uns zu Reaktionen führen können, die uns überraschen und verunsichern können. Wir stellen dann vielleicht fest: Wenn wir selbst nicht mit unseren eigenen Gefühlen und den „emotionalen Altlasten" unserer Biographie umgehen können, können wir auch die Gefühle der Kinder nicht wirklich begleiten.

Das Schöne ist: Wenn wir bei Kindern beobachten und begreifen, welche heilende und klärende Wirkung es hat, Gefühle wirklich durchleben zu können, kann uns das viel Mut und Kraft für die eigene Auseinandersetzung bieten.

Und: Das einzige, was Menschen für ihre Gefühlsarbeit brauchen, sind andere Menschen, die „ganz da" sind und anerkennen und wertschätzen, was die Person gerade fühlt. Ohne das zu bewerten, zu bedauern, zu dramatisieren oder verändern zu wollen. Ohne eigentlich überhaupt etwas zu tun. Begleiten heißt: da-sein und annehmen.

Sämtliche Gefühle, die wir in unserem Alltag in uns wahrnehmen, können wir dann als Zusammensetzungen zweier oder mehrerer dieser Grundgefühle oder als feine, nuancierte Ausdrucksformen verstehen.

Frustration könnte dann etwa eine Mischung aus Trauer und Wut sein und Neugier vielleicht aus Angst und Freude bestehen. Verunsicherung verstehe ich als eine Form von Angst und Begeisterung als sprudelnde Form von Freude.

Je feiner wir in uns hineinfühlen können, je genauer wir benennen können, was wir fühlen, desto näher können wir in Kontakt mit uns selbst leben und desto klarer können wir nach außen hin kommunizieren und handeln.

Dazu gehört auch, unsere eigenen Gefühle ernst zu nehmen und Verantwortung dafür zu übernehmen, anstatt diese anderen Menschen zuzuschieben. Dafür ist die Perspektive hilfreich, das Verhalten der anderen Menschen nicht als Ursache für meine Gefühle zu sehen.

Gaschler, Frank und Gundi (2015). Ich will verstehen, was du wirklich brauchst. Gewaltfreie Kommunikation mit Kindern. München.

Ausführlichere Listen von Gefühlen (und Nicht-Gefühlen) finden sich bei Rosenberg 2005, S. 35–37 und Gaschler 2015, S. 57f.

Es macht einen Unterschied in Bezug auf die Wahrnehmung und den Umgang mit einer anderen Person, ob ich wütend auf diese Person bin, weil sie sich so egoistisch verhalten hat, oder ob ich in mir wahrnehme, dass ich wütend bin, weil ich mir mehr Wertschätzung für mein Anliegen wünsche oder mehr Freiheit brauche. Im besten Fall kann ich die Wutkraft nutzen, um meine Bedürfnisse und meine Grenzen klar (und ohne Vorwürfe und Beschuldigungen) zu kommunizieren.

Wenn wir uns auf den Weg machen wollen, unseren eigenen Gefühlen mehr Raum zu geben und die von jüngeren Menschen anzunehmen und zu begleiten, könnte es spannend sein, uns auch mehr auf die Spur der Bedürfnisse zu machen, die dahinterstehen.

Unsere Gefühle verweisen uns auf dahinterliegende erfüllte oder nicht erfüllte Bedürfnisse. Im Sinne der Gewaltfreien Kommunikation sind damit grundlegende, für alle Menschen bedeutsame Grundbedürfnisse gemeint, wie etwa Kontakt, Anerkennung, Schutz, Verständnis, Fürsorge, Vertrauen, Zugehörigkeit, Gemeinschaft oder Freiheit.

Auch diese Ebene und diese Begriffe sind für viele von uns eher unvertraut. Vielleicht gibt es da auch einen Widerstand? Vielleicht Unsicherheiten?

Wenn unsere Bedürfnisse erfüllt sind, dann fühlen wir uns vielleicht:

glücklich	angenehm
aufgeregt	begeistert
mutig	neugierig
ruhig	kraftvoll
sicher	überrascht
zufrieden	entspannt
leicht	lebendig
berührt	erleichtert

Wenn unsere Bedürfnisse nicht erfüllt sind, dann fühlen wir uns vielleicht:

ängstlich	ärgerlich
angespannt	betroffen
besorgt	verwirrt

einsam	erschöpft
erschrocken	frustriert
hilflos	traurig
sauer	unglücklich
unruhig	verzweifelt
schlapp	

Wenn wir aufmerksamer für den Umgang mit unseren Gefühlen werden, bemerken wir auch, wie wir selbst und andere häufig von Gefühlen sprechen, die keine Gefühle sind, sondern vielmehr die eigenen Gedanken und Interpretationen darüber, was mir geschieht.

Hier ein paar solcher Beispiele:

Ich fühle mich…

betrogen
missverstanden
in die Enge getrieben
unwichtig
zurückgewiesen

Oft ist in solchen Aussagen ein Vorwurf oder eine Beschuldigung enthalten und es gibt eben gerade keine klare Aussage darüber, was ich in mir selbst fühle.

Genau das aber ist die Besonderheit an einem Sprechen über Gefühle: Dass ich mich dadurch zeigen, andere Menschen dadurch sehen kann. Und mit mir und ihnen in Verbindung sein kann.

Machtgeschichten – Macht Geschichten!

Dieses Buch und die dazugehörige Website www.machtgeschichten.de möchten dazu einladen, eigene Geschichten zu schreiben. Oder längst geschriebene Geschichten zu veröffentlichen! Geschichten über das Leben mit Erwachsenen und all die Herausforderungen, die uns dabei begegnen. Geschichten, durch die wir nachdenken, mitfühlen, Mut bekommen und lachen können und Geschichten, die uns neue Ideen geben, wie das Zusammenleben von Erwachsenen und Kindern aussehen kann.

Wenn ihr eure Geschichten unter eurem Namen gerne auf der Webseite veröffentlichen möchtet, schickt sie mir an geschichten@machtgeschichten.de und ich melde mich bei euch!

Vielleicht habt ihr auch andere Ideen, wie die von mir begonnenen Geschichten weitergehen könnten? Ich habe nur zwei verschiedene Ausgänge beschrieben, aber es gibt viel mehr Möglichkeiten, mit den Situationen umzugehen! Ich freue mich sehr auf dritte, vierte und fünfte Varianten! Vielleicht habt ihr sie gemeinsam mit den Kindern entwickelt oder es waren die Ideen der Kinder und ihr habt nur beim Aufschreiben unterstützt? Vielleicht habt ihr eine Geschichte mit den Kindern auch an einzelnen Stellen verlängert? Bitte benutzt dafür auch die Adresse geschichten@machtgeschichten.de.

Auch die Bilder, die ihr oder die Kinder zu den Geschichten im Kinderbuch oder zu den eigenen Geschichten gemalt habt, können sehr gerne ihren Platz auf der Website finden. Bisher gibt es zu jeder Geschichte ein oder zwei Bilder, die Gaëlle Lalonde gezeichnet hat. Das ist eine Möglichkeit, wie wir uns die Menschen und die Orte vorstellen können. Vielleicht haben die Kinder ganz eigene Ideen davon, wie die Geschichte „aussieht“. Malt gerne eure Bilder zu den Geschichten und wir stellen sie dann mit eurem Namen auf die Webseite! Schickt sie am besten als gut aufgelöstes Foto an bilder@machtgeschichten.de.

Schaut gern auch sonst einmal auf die Webseite. Es finden sich dort auch Links aus diesem Buch zum einfachen Draufklicken, aktuelle Literaturhinweise, kleinere und größere Gedanken und ab und zu auch neue Geschichten von mir.

Schickt uns gerne auch eure Rückmeldung zum Buch. Am besten per Mail unter kontakt@machtgeschichten.de.

Literaturverzeichnis

Aldort, Naomi (2005). Von der Erziehung zur Einfühlung. Wie Eltern und Kinder gemeinsam wachsen können. Freiamt. https://www.arbor-verlag.de/naomi-aldort https://www.naomialdort.com/

Bundesministerium für Familie, Senioren, Frauen und Jugend (Hg.)(2018). Übereinkommen über die Rechte des Kindes. http://www.bmfsfj.de/BMFSFJ/Service/publikationen,did=3836.html

Dittmar, Vivian (2014). Kleine Gefühlskunde für Eltern. Wie Kinder emotionale und soziale Kompetenz entwickeln. Rettenbach.

Deutscher Kinderschutzbund Landesverband NRW e.V. (Hg.) (2015). Mit uns kommen Kinderrechte in die Kindertagesstätte. Eine Handreichung für pädagogische Mitarbeitende. Wuppertal. https://www.kinderschutzbund-nrw.de/pdf/MuKiK - Finale Version.pdf

Deutsches Rotes Kreuz (Hg.). Winkelmann, Anne Sophie und Neumann, Johannes (2016). Curriculum Was MACHT was?! Berlin.

Deutsches Rotes Kreuz (Hg.)(2014). Anwaltschaftliche Vertretung in DRK-Kindertagesstätten. Berlin. http://drk-wohlfahrt.de/uploads/tx_ffpublication/Anwaltschaftliche_Vertretung_in_DRK-Kindertageseinrichtungen.pdf

Fachzeitschrift: Welt des Kindes. Ausgabe 4 / 2016. Nachdenken über Macht. S.11–25.

Fachzeitschrift Kleinstkinder. Ausgabe 04 / 2017. Fachthema Adultismus – die Macht der Erzieherin. S. 6–11.

Fachzeitschrift KiTa aktuell. Ausgabe 1 / 2019. Was MACHT was?! Ein Curriculum zum Umgang mit Macht. S. 11–13.

Freitag, Christina. Emotionale Begleitung in der Elementarstufe. Schuld, Scham und Schuldgefühl. http://kindergarten-paedagogik.de/fachartikel/bildungsbereiche-erziehungsfelder/soziale-und-emotionale-erziehung-persoenlichkeitsbildung/2293

Gaschler, Frank und Gundi (2015). Ich will verstehen, was du wirklich brauchst. Gewaltfreie Kommunikation mit Kindern. München.

Hansen, Rüdiger (2003). Die Kinderstube der Demokratie - Partizipation in Kindertagesstätten https://kindergartenpaedagogik.de/fachartikel/gruppenleitung-erzieherin-kind-beziehung-partizipation/mitbestimmung-der-kinder-partizipation/1087

Hansen, Rüdiger / Knauer, Raingard / Sturzenhecker, Benedikt (2011). Partizipation in Kindertageseinrichtungen. So gelingt Demokratiebildung mit Kindern. Bonn.

Höhme-Serke, Evelyne. Partizipation in der Kindertagesstätte. Erfahrungen mit Veränderungsprozessen in dem Projekt „Demokratie leben in Kindergarten und Schule“ in Eberswalde. http://liga-kind.de/fk-505-hoehme/

Hüther, Gerald (2004). Kinder brauchen Vertrauen. Die Bedeutung emotionaler Sicherheit für die Entwicklung des kindlichen Gehirns. https://www.dijg.de/ehe-familie/forschung-kinder/vertrauen-entwicklung-hirn/

Hüther, Gerald (2018). Momente gelingender Beziehungen. https://www.youtube.com/watch?v=9lE3nxFQ6u8Heinrich-Böll-Stiftung (Hg.)(2012). Diversität und Kindheit. Frühkindliche Bildung, Vielfalt und Inklusion. https://www.boell.de/sites/default/files/2012-09-Diversitaet-Kindheit.pdf.

Institut für den Situationsansatz/Fachstelle Kinderwelten (Hg.) (2018). Inklusion in der FortbildungspraxisLernprozesse zur Vorurteilsbewussten Bildung und Erziehung begleiten. Ein Methodenbuch. Berlin.
http://www.situationsansatz.de/fachstelle-kinderwelten.html
https://www.situationsansatz.de/vorurteilsbewusste-kinderbuecher.html
https://kids.kinderwelten.net/de/Beschwerdeverfahren%20an%20KiTas/

I-Pad. Initiative intersektionale Pädagogik. Die intersektionale Kinderbuchliste.
http://www.i-paed-berlin.de/de/Downloads/

Jost, Anna Christina (2015). Warum Montessori-Kinder nicht gelobt werden und was sie statt dessen bekommen.
https://www.elternvommars.com/2015/05/warum-montessori-kinder-nicht-gelobt.html

Juul, Jesper und Hensen, Helle (2004). Vom Gehorsam zur Verantwortung. Für eine neue Erziehungskultur. Düsseldorf und Zürich.

Juul, Jesper (2008). Das kompetente Kind. Auf dem Weg zu einer neuen Wertgrundlage für die ganze Familie. Reinbek bei Hamburg.

Knauer, Reingard / Hansen, Rüdiger (2010). Zum Umgang mit Macht in Kindertageseinrichtungen. In: TPS – Theorie und Praxis der Sozialpädagogik 08/10. S. 24–28. https://www.partizipation-und-bildung.de//pdf/Knauer_Hansen_Macht.pdf

Kohn, Alfie (2010). Liebe und Eigenständigkeit: Die Kunst bedingungsloser Elternschaft, jenseits von Belohnung und Bestrafung. Freiburg.

Larsson, Liv (2012). Wut, Schuld und Scham: Drei Seiten der gleiche Medaille. Paderborn.

Liebel, Manfred (2010). Diskriminiert, weil sie Kinder sind : ein blinder Fleck im Umgang mit Menschenrechten. In: Diskurs Kindheits- und Jugendforschung 5 S. 307-319. http://nbn-resolving.de/urn:nbn:de:0168-ssoar-354707

Mik, Jeannine / mini and me (2017). Lob, Strafen und Konsequenzen in der Erziehung? https://www.mini-and-me.com/lob-strafen-und-konsequenzen-fuer-kinder-echte-alternativen-fuers-leben-mit-kindern-im-video-mit-mag-sandra-teml-jetter/

Natho, Frank (2013). Mythos Konsequenz. Zur Wirkungslosigkeit von Strafe, von Macht und Ohnmacht in der Erziehung: https://www.dgsf.org/service/wissensportal/mythos-konsequenz-2013

NCBI (Hg.)(2004). Not 2 young 2. Alt genug um... Rassismus und Adultismus überwinden. Schaffhausen.

Neumann, Johannes (2017). Die Macht in der Ohnmacht. In: unerzogen Magazin. Ausgabe 2/2017. S. 22–26.

Priebe, Michael (2012). Autonomie, Partizipation und Aushandlung. In. Höhme-Serke, Evelyne/ Priebe, Michael, Wenzel Sascha (Hg.). Mit Kindern Demokratie leben. Aachen.

Reynolds, Peter-H. (2008). Der Punkt. Kunst kann jeder. Hildesheim Gerstenberg. https://kindergeschichten.files.wordpress.com/2016/04/kunst-kann-jeder.pdf

Richter, Sandra (2013). Adultismus: die erste erlebte Diskriminierungsform? Theoretische Grundlagen und Praxisrelevanz. http://www.kita-fachtexte.de/texte-finden/detail/data/adultismus-die-erste-erlebte-diskriminierungsform-theoretisch-grundlagen-und-praxisrelevanz/

Ritz, Manuela (2008). Adultismus – (un)bekanntes Phänomen: Ist die Welt nur für Erwachsene gemacht? In: Handbuch Kinderwelten. Vielfalt als Chance – Grundlagen einer vorurteilsbewussten Bildung und Erziehung. S. 128–136. Freiburg. Leicht geänderte Version siehe auch hier: https://www.dtppp.com/wp-content/uploads/2015/12/broschuere-wenn-rassismus-aus-worten-spricht.pdf, (S. 52-61)

Rosenberg, Marshall (2005). Gewaltfreie Kommunikation. Eine Sprache des Lebens. 6. Auflage. Paderborn

Rosenberg, Marshall (2013). Was deine Wut dir sagen will: überraschende Einsichten: Das verborgene Geschenk des Ärgers entdecken. Paderborn.

Schirmer, Bianka (2012). Dafür bist du noch zu jung. Adultismus und seine Auswirkungen auf die Persönlichkeitsentwicklung der Kinder. Bachelorarbeit. Nicht mehr verfügbar.

Tuğba u.a. (2015). Intersektionale Pädagogik: Handreichung für SozialarbeiterInnen, ErzieherInnen, Lehrkräfte und die, die es noch werden wollen.
Download unter: http://www.i-paed-berlin.de/de/Downloads/

Wamiki (Hg.)(2016). Das pädagogische Fachmagazin #6/2016. Mit aller Macht. Berlin.

Weinbach, Heike / Czollek, Leah Carola (2008). Lernen in der Begegnung – Theorie und Praxis von Social-Justice-Trainings. Düsseldorf.

Weiß, Wilma. Hintergrundinformationen zu ihrer Arbeit, der Traumapädagogik und dem Konzept des guten Grundes. www.wilma-weiss.de

Alle Links zuletzt geöffnet am 20.06.2019

Anne Sophie Winkelmann

Machtgeschichten

Ein Buch für Kinder über das Leben mit Erwachsenen

mit Bildern von Gaëlle Lalonde

Deutsches Rotes Kreuz

edition claus

Der Verlag mit dem Drachen.

Inhaltsverzeichnis

Einleitung

Liebe Kinder,

eure Eltern und andere Erwachsene, die Euch begleiten, sind ganz unterschiedlich. Sie haben unterschiedliche Vorstellungen darüber, wie sie Kinder am besten begleiten oder erziehen können und sie haben als Kinder unterschiedliche Erfahrungen mit ihren eigenen Eltern gemacht und etwas anderes als „normal“ erlebt.

Die meisten Erwachsenen sind nicht immer nett und fürsorglich gegenüber Kindern. Das können sie gar nicht. Ich glaube, das kann niemand. Wenn sie überfordert sind oder wütend oder enttäuscht oder traurig, dann sprechen oder handeln sie manchmal in einer Weise, die Kinder verletzt. Sie schimpfen dann zum Beispiel, schreien plötzlich rum, sie hören nicht richtig zu und reden und erklären ohne Ende. Manche Erwachsene packen Kinder

auch fest am Arm, so dass es wehtut, oder schlagen sie. Andere sprechen eine Weile nicht mehr mit ihnen oder bestrafen das Kind, indem sie ihm etwas verbieten, was ihm sehr wichtig ist.

Wenn Erwachsene in so einer Art und Weise Gewalt ausüben, werden Kinder verletzt. Die Kinder fühlen sich dann zum Beispiel traurig, verwirrt, wütend oder hilflos und haben Angst.

Manche Leute glauben, es ist okay, wenn Kinder verletzt werden. Zum Beispiel dann, wenn sie etwas gemacht haben, was sie nach Meinung dieser Leute nicht sollten. Dadurch würden die Kinder erzogen, sagen diese Leute.

Ich und viele andere Menschen finden es gar nicht okay, wenn Kinder durch Erwachsene verletzt werden.

Wir finden es deshalb wichtig, dass sich Erwachsene damit beschäftigen, wie sie Kinder möglichst ohne Gewalt beim Aufwachsen begleiten können. Die meisten Erwachsenen wollen das eigentlich. Aber manchmal schaffen sie es nicht. Vielleicht, weil sie überfordert sind

oder unsicher oder einfach auch manchmal nicht wissen, wie sie es anders machen könnten. Mir geht es auch manchmal so.

Deswegen gibt es die andere Seite von diesem Buch. Sie ist nur für Erwachsene. Sie finden darin Ideen und Erklärungen für sich zur Unterstützung, sodass sie lernen können.

Die Kinder in den Geschichten in diesem Buch erleben Situationen mit Erwachsenen, die ihr vielleicht auch aus eurem Leben kennt. Es geht ums Anziehen, ums Dreckigmachen oder ums Klettern, es gibt Streit und Strafen und Lösungen und Umarmungen. Es gibt viele Gefühle und viele unterschiedliche Versuche der Erwachsenen, mit den Situationen umzugehen, die mal angenehmer und mal unangehmer für die jeweiligen Kinder sind.

Vielleicht machen die Geschichten euch Lust und Mut, mit Erwachsenen darüber zu sprechen, wie ihr euch fühlt, wenn sie euch auf eine bestimmte Art behandeln. Und vielleicht macht es Erwachsene neugierig, von euch zu hören, wie es euch geht und was ihr braucht und sie sind bereit, zu lernen und Neues auszuprobieren.

Jede der Geschichten ist immer so geschrieben, dass es einen Anfang gibt und dann zwei unterschiedliche Möglichkeiten, wie sie enden. Ihr könnt erst das eine Ende lesen, mit den Kindern mitfühlen, die Fragen darin beantworten, wenn ihr möchtet, und dann das zweite Ende lesen. Natürlich könnt ihr auch selbst noch überlegen, wie die Geschichten ganz anders ausgehen könnten. Eure Idee für ein ganz anderes Ende könnt ihr aufschreiben oder aufschreiben lassen. Wenn ihr möchtet, könnt ihr mir eure Geschichten schicken, dann stelle ich diese auf der Website www.machtgeschichten.de online (eure Zustimmung vorausgesetzt). So haben auch andere Menschen die Möglichkeit, eure Werke zu lesen. Wenn ihr Lust habt, könnt ihr gerne ein Bild dazu malen. Das kann dann auch auf der Website stehen.

Jetzt wünsche ich Euch aber erstmal viel Spaß beim Lesen, Zuhören und darüber Sprechen!

Anne Sophie Winkelmann

MÜSLI

Aber nicht die Totenkopfsocke!

Mia ist heute morgen schon sehr früh aufgestanden und in ihr ist noch ganz viel Müdigkeit. Außerdem ist es kalt in der Wohnung und der Ofen im Esszimmer wärmt nur ein bisschen. Viel zu wenig! „Uuuuh, mir ist kalt!“, ruft sie ein bisschen verzweifelt in Richtung Küche. „Mama! Kannst du mich anziehen?“

„Fang schon mal an, ich kann dir dann helfen bei dem, was du nicht alleine schaffst. Ich bereite so lange das Frühstück vor“, ruft Isabel aus der Küche.

Genau an dem Tag, an dem sie in diese Wohnung in der Hafenstraße gezogen sind, ist in Hamburg der eisige Winter ausgebrochen. So eine Kälte kennen die beiden gar nicht aus Mexiko, wo sie früher gewohnt haben. Endlich wollen sie heute Nachmittag mal zum Strand fahren und nachschauen, ob vielleicht der große Fluß, der Elbe heißt, schon ein bisschen zugefroren ist.

Mia schlüpft in die Unterhose und betrachtet die Hose, die vor ihr liegt. Uff, die ist nicht so leicht anzuziehen. Und es ist kalt. Und da ist so wenig Energie in ihr.

„Mama, ich will aber nicht! Du sollst mir die Hose anziehen."

Isabel kommt gerade mit den Müslischälchen ins Zimmer und hilft ihr schnell in die Hose rein. Dann ist sie schon wieder weg, weil sie noch etwas holen möchte. Immer ist sie irgendwo und macht irgendwas. Mia fühlt sich ein bisschen alleine. „Die Strümpfe auch!", ruft sie, und Isabel scheint auch bereit dazu zu sein, jedenfalls zieht sie ihr die linke rote Totenkopfsocke über den Fuß und macht dabei nette Witze.

Aber Mia spürt etwas Unangenehmes am Fuß. Die Schrift auf der Sohle des Strumpfes macht so Abdrücke nach innen. „Nee, so ein Gefühl will ich nicht haben heute", denkt Mia und sagt: „Nein, die will ich nicht, die Schrift ist unangenehm. Ich will andere Strümpfe anziehen."

„Ja, verstehe!", sagt Isabel. „Wer macht denn da auch Schrift unter die Fußsohle, so ein Quatsch!" Und dann sagt sie noch: „Weißt du was: Geh doch mal ins Schlafzimmer und suche dir aus deinem Schrank die Strümpfe aus, die dir angenehm sind und die du gut alleine anziehen kannst. Ich

packe schon meine Sachen ein und suche das Feuerzeug für die Kerze."

Mia bleibt wieder alleine und ist noch gar nicht so ganz überzeugt davon, aufzustehen und sich Strümpfe auszusuchen und die dann alleine anzuziehen. Da kommt schon wieder Isabel ins Zimmer geflitzt, bringt die Milch mit und wirft ihr fünf Paar Strümpfe zum Auswählen hin. Die Strumpfpärchen purzeln neben Mia auf den Teppichboden und bleiben da irgendwie fröhlich liegen. Isabel scheint auch ganz fröhlich zu sein. Während Mia sich die Strümpfe anzieht, schmiert Isabel die Brote zum Mitnehmen. Sie unterhalten sich darüber, welches Rosa das Rosa ist, was Jone nicht mag, und wie blöd es ist, dass manche Menschen denken, alle Mädchen würden gerne Rosa mögen und alle Jungen eher Blau.

Was denkt ihr darüber?

Dann sagt Isabel: „Ich suche jetzt nochmal das Feuerzeug und wenn du fertig bist mit Anziehen, machen wir die Kerze an und frühstücken, ja?" Dann geht sie wieder aus dem Zimmer. Mia schlüpft in ihr Unterhemd und macht ein paar Akrobatikübungen, die sich gerade gut anfühlen. Nach einer Weile hört Mia den Föhn aus dem Bad

und merkt, dass in ihr Wut aufsteigt. Sie denkt: „Isabel hat doch gesagt, sie holt nur schnell das Feuerzeug und kommt dann wieder. Und jetzt macht sie noch etwas anderes und noch etwas anderes und ich bin hier schon wieder alleine im Zimmer, mir ist kalt und ich bin müde und ich will mich nicht alleine anziehen!" Sie liegt auf dem Teppich und fängt an, wütend zu weinen. Dabei trommelt sie mit den Füßen gegen den Schrank. Das passt jetzt zu ihrem Gefühl.

Variante 1

Von Weitem hat Isabel sie gehört und kommt angerannt. „Mia, was ist denn jetzt los?" Als sie die wütende Mia auf dem Boden liegen sieht, die noch nicht fertig angezogen ist, wird sie auch sehr wütend. Sie schreit sofort los: „Hör mal, mir reicht es jetzt! Du bist jetzt alt genug und ich erwarte von dir, dass du dich alleine anziehen kannst. Wenn du nicht fertig bist, wenn ich das nächste Mal wieder hier ins Zimmer komme, dann wird das nichts mit dem Ausflug heute Nachmittag zum Strand." Und sie rauscht sofort wieder raus. Mia bleibt alleine.

Wie fühlt sich Mia?

Mit all diesen Gefühlen im Körper schnappt sich Mia die Oberteile, kämpft sich durch den Rollkragen und schlüpft in den Kapuzi hinein. Sie zerrt wild am Reißverschluss, der sich weigert, sich zu bewegen. „Blöder Reißverschluss! Nur wegen dir werde ich vielleicht nicht zum Strand gehen können! Geh jetzt zu!“, sagt sie verzweifelt. Und ja, endlich bewegt er sich und Mia ist fertig. Gerade im richtigen Moment, denn da kommt Isabel rein. Unsicher steht Mia in der Mitte des Zimmers. Ist Isabel noch wütend? Wird sie weiter schimpfen? Wird sie sich freuen, dass ich angezogen bin? Wird sie mich in den Arm nehmen?

Was denkst du?

Isabel steht auch unsicher im Zimmer. Sie ist sehr unglücklich darüber, wie sie mit der Situation umgegangen ist. Sie fühlt Scham in sich und Traurigkeit.

„Mia, ich bin traurig darüber, wie ich mit dir gesprochen habe. Ich will nicht so mit dir schimpfen und dir mit Strafe drohen!“, sagt Isabel und fragt sie dann: „Wie geht es dir gerade?“

Mia ist erleichtert. Sie lächelt und geht auf Isabel zu, die sie gerne in den Arm nimmt. Eine Weile sagen sie nichts.

Dann sagt Mia fröhlich: „Und jetzt will ich frühstücken.“

Erlebt ihr selbst manchmal solche „Wenn ... dann“ - Drohungen in eurem Alltag?

Werdet ihr oder andere Kinder manchmal von Erwachsenen bestraft?

Wie fühlt ihr euch dann?

Was denkt ihr darüber?

Können sich Erwachsene auch entschuldigen?

Variante 2

Von Weitem hat Isabel sie gehört und kommt angerannt. „Hey du, was ist los? Ist etwas passiert?“

„Du hast gesagt, du holst nur das Feuerzeug und jetzt hast du auch noch geföhnt! Und mir ist kalt!“, schluchzt Mia.

Isabel versteht, dass Mia traurig ist und sich alleine fühlt. Sie setzt sich neben Mia und lädt sie ein, sich einzukuscheln. Ja, einkuscheln! An Isabel kleben. Auf dem Schoß rumhängen. Das will Mia jetzt.

Aber Anziehen, das will sie nicht!

„Ich will mich nicht anziehen! Du sollst das machen!“, sagt sie.

„Du willst dich gerade nicht weiter anziehen“, sagt Isabel und ergänzt nach einer Weile: „Weißt du, ich will dich auch nicht anziehen. Hast du eine Idee, was wir machen könnten?“ Mia überlegt einen Moment eingekuschelt auf dem Schoß und sagt dann: „Ich habe eine Idee! Ich ziehe mich alleine an, aber du bleibst solange hier bei mir. Wenn ich fertig bin, suchen wir beide zusammen noch ganz schnell das Feuerzeug und dann frühstücken wir!“

Mia und Isabel überlegen, ob es wohl funktionieren würde, dass Mia sich das Shirt und den Kapuzi anzieht, während sie auf dem Schoß sitzt. Ob der Kapuzi dann auch über Isabel gehen würde und sie beide darin stecken würden? Genau in dem Moment pupst Isabel und ein gar nicht so angenehmer Geruch macht sich um Mias Nase breit. „Puh“, sagt sie halb

lachend, halb empört. „Das stinkt ja voll.“ Auch Isabel lacht los. Sie steht auf und macht schnell das Fenster auf. „Ich lasse mal frische Luft rein.“

Dadurch wird es noch etwas kälter im Zimmer.

Und das ist der Moment: Mia schnappt sich immer noch lachend das Shirt und zieht es an – auch wenn es nicht so einfach ist, den Kopf durch den engen Rollkragen zu zwängen, aber es klappt. Und den Kapuzi oben drüber. Isabel will ihr gerade den Reißverschluss zumachen, als Mia einfällt, dass sie das doch gestern erst im Laufen geübt hat. Also macht sie eine kleine Vorführung. Ein paar Runden um den Tisch gedreht und schon ist der Reißverschluss eingefädelt und hochgezogen.

Jetzt aber Kerze an, frühstücken und los!

Reflexion

Strafe und Drohung

In einer Version der Geschichte wird Isabel, die Mutter, wütend und droht Mia damit, zur Strafe nicht an den Strand zu fahren, wenn sie nicht gleich angezogen ist.

Passiert mir das auch manchmal, dass ich so etwas sage?

Welche Rechtfertigungen fallen mir dazu im Kontext von Erziehung ein?

Würde ich mit einer guten Freundin, auf die ich oft lange warten muss, auch so sprechen?

Was wir zwischen Erwachsenen durchaus als gewaltvoll und entwürdigend verstehen, ist gegenüber einem Kind eine recht weit verbreitete Praxis, die in einem Moment von Ärger und Überforderung leicht passieren kann.

Welche Auswirkungen hat dies auf das Kind? Und für die Beziehung?

Wie gehen wir Erwachsene mit dieser Art von Gewalt gegenüber den Kindern im Nachhinein um? Wie fühlen wir uns?

Welche Mechanismen im Umgang mit Scham kann ich bei mir selbst entdecken?

Wie reagieren die zuhörenden Kinder auf diese Szene, sind sie empört? Oder fällt ihnen vielleicht gar nichts Besonderes dabei auf?

Oft haben Kinder verinnerlicht, dass Strafe und die Androhung von Strafe gegenüber Kindern an einem gewissen Punkt und bis zu einem gewissen Maß in Ordnung und angemessen sind.

Die Geschichte und die dazugehörigen Hintergrundtexte im Fortbildungsbuch laden dazu ein, sich vertiefend mit dem Thema Strafe auseinanderzusetzen.

Unterschied von Strafe und Konsequenz

Heute vermeiden viele Menschen das Wort Strafe lieber. Vielleicht, weil sie selbst ein Unbehagen dabei spüren? Stattdessen ist heute oft von Konsequenzen die Rede. Manchmal wird damit dann wieder das Gleiche gemeint.

Ich verstehe unter Strafe im Kontext von Erziehung eine bewusst von den Erwachsenen entschiedene Antwort auf ein nicht erwünschtes Verhalten, die für das Kind explizit unangenehm oder schmerzhaft ist. Das, was dann passiert oder nicht passiert, hat oft inhaltlich keinen Zusammenhang mehr mit der auslösenden Situation. Etwa: Wenn du jetzt nicht sofort das Seil loslässt, bekommst Du kein Eis.

Unter Konsequenz verstehe ich etwas, was in einem natürlichen Zusammenhang mit der auslösenden Situation steht und was ohne das Zutun der Erwachsenen eben so ist. Damit ist weder ein moralischer Druck noch eine Bewertung verbunden. Wenn du weiter mit dem Seil schleuderst, können sich andere Kinder verletzen. Wenn du noch länger Computer spielen willst, wird es mir zu spät, um zum Eisladen zu gehen (siehe Fortbildungsbuch ab S. 67).

Auseinandersetzung im Team:

Strafe und Belohnung

Selbstreflexion und Austausch in kleiner Runde:

Was verstehen wir unter Strafe?

Wann habe ich einem Kind mit Strafe gedroht oder eine verhängt?

Was habe ich gesagt?

Was ist vorher passiert?

Welche Gedanken hatte ich?

Wie fühlte ich mich?

Wie geht es mir jetzt im Nachhinein damit?

Was hat mich daran gehindert, anders (einfühlsamer, ruhiger) zu reagieren?

Was denke ich, wie sich das Kind in dem Moment gefühlt hat?

Was hätte es vielleicht eigentlich gebraucht?

Diskussion in der Gruppe:

Was macht die Androhung von Strafe mit dem Kind?

Welche Auswirkungen hat dies für die Beziehung?

Was ist auch an Belohnung problematisch?

Weitere Fragen für die Reflexion im Team:

Wollen wir uns vornehmen, im gesamten Team auf Strafe zu verzichten?

Welche Alternativen zu Strafe und der Androhung von Strafe fallen uns ein?

Wie können wir unsere eigenen Gefühle und Unsicherheiten im

Kontakt mit Kindern ausdrücken?

Wie können wir gut für uns sorgen? Wie können wir uns gegenseitig unterstützen?

Was davon wollen wir hier im Alltag mehr ausprobieren?

Bedauern ausdrücken

In Variante 2 drückt Isabel Mia gegenüber ihr Bedauern über ihr eigenes Verhalten aus. Wir können uns fragen: Habe ich das schon mal so deutlich einem Kind gegenüber gesagt? Wenn ja, welche Auswirkungen hatte das? Was ist dadurch für ein Kontakt entstanden?

Wenn nein, können wir fragen: Was hindert mich daran?

Wichtig scheint mir, dass es sich dabei nicht um eine Pflichtübung handelt. Ich halte es bei Kindern wie Erwachsenen für wenig wertvoll, wenn sie sich entschuldigen oder dazu angehalten werden — unabhängig davon, wie sie sich gerade fühlen.

Wir können zu jeder spezifischen Situation die Worte finden, die für uns gerade am besten ausdrücken, wie wir uns fühlen und uns dabei deutlich in Bezug auf unser eigenes Verhalten und dessen Auswirkungen positionieren.

Wichtig dabei ist, dass wir uns kurzfassen und keine großen Erklärungen oder Rechtfertigungen über die Beweggründe und Umstände formulieren. Ein paar kurze Worte und ein eher längeres, einladendes Schweigen schaffen Raum für das Kind, selbst zu sprechen oder anders mit der neuen Situation umzugehen.

Eine der größten Herausforderungen ist dann noch, auf das „aber" am Ende unseres Gesprächs mit der jüngeren Person zu verzichten und nicht doch nochmal ihr Verhalten kritisch anzusprechen, welches unserer Reaktion vorausgegangen ist. Dies kann — wenn überhaupt — in einem anderen Rahmen noch einmal thematisiert oder von der jüngeren Person selbst eingebracht werden.

Auseinandersetzung im Team:

Bedauern ausdrücken

Ist es für uns selbstverständlich, den Kindern gegenüber unser Bedauern auszudrücken, wenn wir im Nachhinein unglücklich über unser eigenes Verhalten sind?

Was hindert uns vielleicht daran?

Was finden wir wertvoll daran?

Welche möglichen Formulierungen fallen uns ein?

Wie können wir uns gegenseitig unterstützen?

Altersentsprechende Erwartungen an das Kind

Denke ich auch manchmal so etwas wie: „Das sollte er doch jetzt mit sechs Jahren mal besser können?"

Können wir mit 30 oder 40 oder 60 Jahren immer all das, was wir vielleicht von Menschen in diesem Alter erwarten würden?

Menschen sind selbstverständlich unterschiedlich, haben ihre je eigenen Themen und lernen in ihrem eigenen Tempo.

In den allermeisten Fällen geht es sowieso nicht darum, dass die jüngere Person etwas nicht kann, sondern dass sie gerade etwas daran hindert, es zu tun. Welches Bedürfnis ist nicht erfüllt? Welches Thema steckt hier gerade quer?

Manchmal lässt es sich vorsichtig fragend herausfinden, worum es gerade geht. Manchmal geht es auch einfach nur darum, anzunehmen, dass irgendwas los ist, was wir gerade nicht verstehen und benennen können. Auch diesbezüglich ist Schweigen manchmal sehr viel hilfreicher als analysieren und weiter fragen.

Ebenso hilfreich kann es sein, zu ergründen, warum das, was passiert, gerade eine Herausforderung für mich darstellt. Wie fühle ich mich? Was brauche ich gerade?

Dreckig ist glücklich!

Ona und Malin flitzen auf dem Spielplatz herum. Sie rennen einem kleinen weißen Hund hinterher. Manchmal läuft der Hund auch ihnen hinterher.

Die beiden lachen fröhlich! Sie fühlen sich frei und stark.

Der Wind bläst ihre Haare in alle Richtungen und sie üben Ganz-schnell-um-die-Kurve-rennen ohne hinzufallen – was natürlich nicht immer klappt. Entsprechend viel Sand und Matsch klebt an ihren Hosenbeinen, aber das stört sie gar nicht. Der Hund ist auch ein bisschen brauner geworden, auch wenn er nie hinfällt. Herrlich schnell ist das Spiel.

Ihre Mütter, Irena und Johanna, sitzen auf der Bank unter dem großen Baum. Sie haben sich in ihre Winterjacken gemummelt und beobachten das Spektakel.

Irena ist ganz fröhlich. Sie kommentiert die wilden Sprünge und die Aufregung der beiden Kinder und

erzählt Johanna begeistert, wie sie selbst als Kind so oft pitschenass und überglücklich vom Pfützenhüpfen nach Hause gekommen ist.

Variante 1

Johanna ist eher angespannt. Ihr ist furchtbar kalt und sie macht sich Sorgen, dass Ona und Malin sich erkälten. Nein, sie ist sich sicher, dass sich Ona und Malin erkälten werden, wenn sie noch länger hier blieben. Und diese dreckigen Klamotten! Nee, das geht doch gar nicht!

Sie ist schon dreimal aufgesprungen und fast zu den beiden Kindern hingelaufen. Mit Blick auf Irena hat sie sich immer wieder gesetzt. Es passt ihr gar nicht, dass Irena so entspannt ist mit der Situation. Eigentlich verunsichert sie das ein bisschen. „Wir sind doch ihre Mütter, wir müssen doch auf sie aufpassen, wir können doch nicht einfach so zusehen, wie sie krank werden“, sagt sie verzweifelt.

„Geh doch mal rüber und frag sie, ob ihnen kalt ist“, schlägt Irena vor.

„Mhm...“, grummelt Johanna und bleibt sitzen.

Ona und Malin sind völlig in ihr Spiel vertieft. Sie versuchen immer neue Sprünge in der Kurve zu erfinden und schlagen sich gegenseitig Namen dafür vor. „Das war schräge Spinne," ruft Ona. „Und bei dir: kotzender Käfer," sagt Malin und sie lachen. „Weißt du, was heute in der Schule einer der Jungs gesagt hat?", fragt Ona bei einer Runde Luftschnappen. „Dass Mädchen nicht so schnell rennen können wie Jungen. Wenn der jetzt hier wäre und uns sehen würde!" „Haha", lacht Malin und fühlt sich ruhig und stark.

Gerade als sie die neue Runde starten wollen, kommt Johanna auf sie zu. Malin sieht gleich, dass sie angestrengt aussieht und wird ein bisschen unsicher.

Johanna legt sofort los: „Hey ihr zwei, es ist superkalt heute, findet ihr nicht auch? Und ihr seid ganz nass und dreckig. Ihr werdet euch erkälten! Jetzt reicht es mal. Malin, wir gehen jetzt nach Hause und wärmen uns auf."

Malin kennt Mamas Kälteanfälle (so nennt sie diese Momente heimlich) schon sehr gut. Sie weiß, dass ihre Mutter sich in so einem Moment Sorgen um sie macht und dann nicht mehr so gut denken und zuhören kann. Malin versucht es trotzdem:

„Mir ist nicht kalt, ich bin die ganze Zeit am Rennen! Mir ist ganz warm“.

Aber tatsächlich, Johanna kann nicht gut zuhören. Fast scheint es so, als hätte Johanna überhaupt nicht gehört, was Malin gesagt hat. Sie macht einfach weiter: „Und so dreckig, nee, das ist mir echt zuviel jetzt... Deine Hose ist auch so nass, das ist bei dem Wind richtig gefährlich.“ Als Malin nochmal sagen will, dass sie selbst gut einschätzen kann, wie sie sich fühlt, spricht Johanna wieder einfach weiter. Sie erzählt etwas über Fieber und tagelang im Bett liegen und Langeweile und ...

Wie fühlt sich Malin? Was denkt sie?

„Bla bla bla“, denkt Malin. Sie ist angestrengt von diesen Was-alles-passieren-könnte-Gedanken und frustriert darüber, nicht mehr in Kontakt zu sein mit ihrer Mutter. Und sie ist auch enttäuscht darüber, dass Johanna ihr nicht zutraut, dass sie selbst merken kann, ob ihr warm ist oder kalt. „Bla, bla, bla“, denkt sie also – und sagt es auch!

Wie fühlt sich Johanna damit? Was denkt sie?

Johanna spürt, wie sie wütend wird. Ihre Gedanken sind schnell und sagen: „Das kann doch nicht sein, ich erkläre hier, was für mich wichtig ist und sie sagt einfach: ‚Bla, bla, bla.' Das ist doch wirklich unverschämt – unerhört – ganz und gar ungezogen! Ist ihr denn völlig egal, wie es mir geht?"

Dann fängt Johanna plötzlich laut an zu lachen. Sie merkt, dass die Gedanken in ihrem Kopf tatsächlich bla, bla, bla sind. Sie sind nicht wahr und sie haben nichts damit zu tun, was gerade im Moment in Malin oder in ihr selbst los ist.

„Du hast recht", sagt sie immer noch lachend. „Meine Gedanken sind ziemlich bla, bla, bla gerade. Danke für den Hinweis."

Malin lacht erst einmal zaghaft und dann herzlich mit. Na, das ist ja eine Überraschung!

Malin fühlt sich mit Johanna gerade sehr nah verbunden. In diesem Moment kann sie sehr gut annehmen, dass Johanna sich eben Sorgen macht.

„Ich spiele noch eine Runde und dann komme ich mit nach Hause", sagt Malin fröhlich und stellt sich vor, wie

sie nach Hause gehen und die Sorgen sich erschöpft ins Bett legen und da weiter vor sich hin brabbeln.

Erlebt ihr das auch manchmal, dass Erwachsene sehr viel reden?

Wie geht es euch dann? Was macht ihr dann?

Könnt ihr selbst entscheiden, wann euch kalt oder warm ist und was ihr anzieht?

Variante 2

Johanna ist angespannt. „Und was haben deine Eltern gesagt, wenn du so dreckig heimkamst?“, fragt sie. Irena antwortet: „Die haben gelacht und uns in die Badewanne geschickt. Sie haben oft gesagt, dreckige Kinder sind glückliche Kinder und das stimmt für mich auch.“

Johanna sagt eine Weile nichts. Sie scheint zwischen Ona und Malin und ihrer eigenen Kindheit hin- und her zu schauen. „Weißt du, eigentlich sehe ich das auch so und gleichzeitig denke ich irgendwie, sie sollten sich nicht so dreckig machen. Vielleicht hat das was damit zu tun, dass ich das als Kind nicht durfte. Dreckigsein war bei mir früher

strengstens verboten."

Irena nickt. Eine Weile sitzen die beiden einfach nur so da. Dann ruft Irena plötzlich: „Lass uns mal was ausprobieren. Wir spielen mit und du wirst dreckig. Mal schauen, wie das für dich ist!" Sie springt auf, nimmt Johanna an die Hand und rennt auf Ona und Malin zu. „Wir spielen mit!", ruft sie den beiden zu.

Ona jauchzt vor Freude und springt Irena auf den Arm, die sie dreimal im Kreis herum schleudert bis beide beinahe im Matsch landen.

Johanna und Malin stehen etwas unsicher nebeneinander. So eine Situation haben sie noch nie zusammen erlebt. Malin fragt sich für einen kurzen Moment, ob Johanna jetzt wieder einen Vortag über saubere Kleidung halten würde und sie gleich nach Hause gehen werden. Aber da ist

Freude und Offenheit in Johannas Gesicht! Ohne weiter nachzudenken ruft Malin Johanna zu: „Komm, ich zeige dir die Runde, die wir rennen und die Stellen, wo besonders enge Kurven kommen. Schnell, der Hund kommt.“

Und so kommt es, dass nun vier Menschen und ein Hund auf dem Spielplatz herumflitzen und lachen und schnell sind und ausrutschen. „Ahh, das Monster kommt ... coole Kurve ... jaaa, ich hab die geschafft ohne mich hinzulegen ... mir ist gar nicht mehr kalt ...“ „Puh, wow, wie lustig ist das denn...“.

Lachend hält sich Johanna den Bauch. Sie ist ganz außer Puste. Sie setzt sich auf das Klettergerüst, lässt die Beine baumeln und bald kommen die anderen drei dazu. Sie hängen einfach so zusammen da rum. Malin hat ihren Kopf auf Johannas Bauch gelegt.

Plötzlich hören sie einen Pfiff. Der kleine Hund bleibt stehen, spitzt die Ohren, schaut sich um und läuft zur Straße hin, wo eine Person mit einem großen bunten Regenschirm auf ihn wartet. Irena sagt: „Auf, wir gehen auch heim. Kommt doch mit zu uns in die WG, dann können die Kinder baden und wir kochen für alle!“

Was denkt ihr, wo wohnen Irena und Ona?
Wer wohnt vielleicht noch alles da?

Johanna und Malin haben Lust mitzukommen! Sie wohnen ganz in der Nähe und waren schon öfters bei Irena und Ona und den anderen in der großen Wohnung in der Schulstraße zu Besuch. Manchmal unterhalten sie sich darüber, wie es wohl wäre, wenn sie auch mit anderen Erwachsenen und Kindern zusammen wohnen würden, und dann sind sie doch wieder ganz glücklich in ihrer kleinen Wohnung zu zweit. Gut, dass die Schulstraßen-WG nah ist und sie dort immer willkommen sind.

Heute herrscht in der großen Küche eine fröhliche, offene Stimmung. Manche kochen schon das Abendessen, die beiden Jüngsten räumen das Altpapier aus und Jannes hat seine alten Kassetten ausgegraben und führt begeistert seine Lieblingsstücke vor.

Ona und Malin flitzen direkt ins Badezimmer. Während sie im sprudelnden Badewasser ankommen und sich gegenseitig mit Schaum dekorieren, sagt Ona: „Mensch, wie cool war das auf dem Spielplatz! Ich habe so richtig viel gelacht mit deiner Mutter heute und sie hat sich auch voll kaputt gelacht!“ Malin stimmt Ona zu: „Ja, sie war voll glücklich. Ich glaube, sie lernt gerade, entspannt mit Dreck zu sein!“ Beide lachen.

Reflexion

Gender

Ona und Malin sind Mädchennamen aus Litauen und Schweden, die aber im deutschen Kontext eher unbekannter sind. Die Geschichte verzichtet dazu noch anfangs bewusst auf die Nennung der Pronomen. Welche Vorstellungen tauchen in unseren Köpfen auf? Denken wir automatisch, dass es Jungen sind, weil sie so wild und dreckig spielen?

Fragen die zuhörenden Kinder danach?

Wie reagieren sie darauf, dass ein Kind in der Schule zu Ona und Malin gesagt hat, dass Mädchen angeblich nicht so schnell wie Jungs rennen können? Haben sie so etwas auch schon einmal gehört? Wie fühlen sie sich dann?

Die Geschichte bietet die Möglichkeit, über Zuschreibungen und Selbstverständnisse in Bezug auf Geschlecht zu sprechen und die Sortierung der Menschen in die Schubladen „Mädchen“ und „Jungen“ zu hinterfragen.

Zum Weiterlesen: Der Blog „Die Rosa-Hellblau-Falle“ (https://rosa-hellblau-falle.de/) informiert regelmäßig über Themen wie Gleichstellung, Rollenzuschreibungen, Geschlechterklischees und ihre Folgen im Alltag Erwachsener und besonders von Kindern.

Leben in einer WG

Irina und Ona leben mit anderen Erwachsenen und Kindern in einer WG. Das ist die Abkürzung für Wohngemeinschaft. Das Leben in einer WG kommt eher selten in Kinderbüchern vor, auch wenn es für viele Kinder ganz selbstverständlich ist. Vielleicht mag ein Kind etwas darüber erzählen oder fragen? Vielleicht haben die Kinder Lust, gemeinsam zu überlegen, wer alles dort wohnt, wie in einer WG gewohnt wird und warum?

Zum Weiterlesen: Im „Wer lebt mit wem? Sommercamp“ geht es alljährlich um vielfältige Lebenskonzepte, ums Zusammenleben von jüngeren und älteren Menschen, politische Arbeit und wie das alles gut zusammen geht. Mehr Infos unter www.wer-lebt-mit-wem.de.

Sorgen der Erwachsenen

Dass die Kinder nicht krank werden, ist ein wichtiges (und verständliches) Anliegen der meisten erwachsenen Bezugspersonen. Die Dimension von Sorge und Panik allerdings, die viele Erwachsene bei der Gedankenkette „Kind kalt - Kind krank - Kind zu Hause“ erwischt, ist für die Kinder oft sehr unverständlich. Wenn Erwachsene in Panik damit kommen, kann dies bei den Kindern zum Beispiel zu Überforderung und Abwehr führen.

Wichtig ist daher, die eigenen Sorgen ernst zu nehmen und Verantwortung dafür zu übernehmen. Dafür ist es hilfreich, diese als die eigenen Themen zu begreifen, die oft auch mit der eigenen Geschichte in Verbindung stehen und zu einer bestimmten Wahrneh-

mung der aktuellen Situation beitragen. Es kann spannend sein, sich mal zu fragen: „Wie wäre es, wenn ich diese Gedanken nicht hätte?“

Ist die Sorge zu groß, um entspannt in der Situation bleiben zu können, kann ich diese kommunizieren und auf dieser Grundlage meine persönlichen Grenzen formulieren. Der entscheidende Punkt in Bezug auf die Haltung ist dann: „Ich gehe davon aus, dass du die Situation möglicherweise anders erlebst, nur ich fühle mich gerade in einer bestimmten Weise und brauche etwas.“ Wenn bei den Kindern nicht die Botschaft ankommt, dass sie etwas falsch machen, können sie auch eher offen sein für unsere Themen.

Blablabla – wenn Reden über Gedanken zuviel wird

Wenn wir allerdings gar nicht in Kontakt stehen mit dem, was gerade in uns selbst los ist, wie wir uns fühlen und was wir jetzt bräuchten, ist auch die Verbindung mit der anderen Person nicht wirklich möglich.

Eine solche scheinbar endlose Kette aneinandergereihter Gedanken und darin enthaltener Interpretationen und Bewertungen, wie sie Johanna, die Mutter von Malin, ausdrückt, führt für die andere Person oft zu Frustration, Ohnmacht und Überforderung.

Wenn wir selbst in einer solchen Verstrickung mit unseren Gedanken stecken, merken wir meist nicht, wie unangenehm und wenig hilfreich eine solche Kommunikation für die Situation ist. Um so wertvoller ist es, wenn es jemand anderem gelingt, darauf hinzuweisen und „Stop“ zu sagen (wie es Malin mit ihrem „blablabla“ tut) anstatt weiter auf dieser Ebene zu agieren.

Dennoch können diese Worte auch wieder schmerzliche Ge-

fühle bei der erwachsenen Person auslösen, wenn diese es so versteht, dass das Kind nicht daran interessiert ist, wie es ihr geht und was sie gerade stört.

Bei solchen Situationen ist es hilfreich, zu verstehen, dass sich das „blablabla“ der Kinder oder ihr Nicht-Zuhören, ihre Abwendung oder etwa ihr Ausdruck von Ablehnung auf die Form der Kommunikation bezieht und nicht auf den Inhalt bzw. die Gefühle und Bedürfnisse der erwachsenen Person.

Das Lesen der Geschichte mit Kindern lädt dazu ein, über Situationen im eigenen Alltag zu sprechen, in denen die Kinder vielleicht Ähnliches mit uns erlebt haben. Geht es dir auch manchmal so wie Malin und du denkst innerlich „blablabla“? Was genau ist anstrengend für dich? ...

Ein solches Gespräch kann zu vielen verschiedenen Themen führen, die im Kontakt miteinander gerade wichtig sind.

Auseinandersetzung im Team:

Reden und Zuhören

Wollen wir mal eine Woche lang besonders darauf achten, wie oft es uns passiert, dass wir soviel reden, dass die Kinder innerlich „blablabla“ denken und uns nicht mehr zuhören können oder wollen?

Wie können wir üben, weniger Sätze zu sprechen und dennoch klar zu sagen, was wir sagen möchten?

Was löst es in mir aus, wenn Kinder mir nicht zuhören?

Welche Gefühle kommen hoch? Welche Gedanken?

Welche unausgesprochenen Erwartungen in Bezug auf das Verhältnis zwischen Kindern und Erwachsenen stecken vielleicht dahinter?

Wie kann ich damit umgehen, ohne meine erzieherische Macht zu missbrauchen?

Eigene Gedanken erkennen und erforschen

Johanna erkennt in der Geschichte plötzlich ihre eigenen Gedanken als blablabla. Naomi Aldort schreibt in ihrem Buch „Von der Erziehung zur Einfühlung“ eindrücklich, wie wir mit den eigenen Gedanken, die in solchen Situationen auftauchen, umgehen könnten. Sie stellt sich diesen Moment vor, als würden auf einem Computerbildschirm in unserem Inneren automatisch Sätze auftauchen, die uns nahegelegt werden, auszusprechen. Genau das sei die größte Herausforderung: Das, was dort steht, nicht laut vorzulesen, sondern vielmehr als alte Aufzeichnungen zu erkennen, die wertvoll zur Erforschung und Erkenntnis über uns selbst zu einem anderen Zeitpunkt sind. Dann können wir uns wieder dem konkreten Moment zuwenden (siehe Fortbildungsbuch S. 74 f.).

Eigene Themen aus der Kindheit

Die Geschichte lädt auch dazu ein, darüber nachzudenken, welche Themen aus der eigenen Kindheit sich ungewollt und vielleicht unbemerkt in unser heutiges Handeln einmischen. Wenn ich mich zum Beispiel früher nicht dreckig machen, beim Essen nicht albern sein oder meine Wut nicht ausdrücken durfte, kann es sein,

dass ich dies auch heute bei den Kindern nicht gut zulassen kann. Vielleicht kommt in einem Moment von Anstrengung und Überforderung plötzlich eine Verurteilung oder Dramatisierung in mir auf, auch wenn ich persönlich eigentlich eine ganz andere Meinung und Grundhaltung zu dem entsprechenden Thema habe!

Welche Themen habe ich bereits als Themen aus meiner Kindheit erkannt? Was fällt mir noch auf, wenn ich weitersuche?

Wenn ich weiß, dass da etwas ist, kann ich in der Situation aufmerksam sein und es wird leichter, bewusst zu entscheiden, wie ich mit dem Thema umgehen möchte.

Es ist auch möglich, mit den Kindern über unsere Erfahrungen ins Gespräch zu kommen. Vielleicht fragen sie: „Wie war es bei dir früher?“ Vielleicht habe ich einfach Lust zu erzählen. Kann ich mich überhaupt daran erinnern? Wie kann ich meine Erfahrungen ehrlich erzählen, ohne die Großeltern oder andere beteiligte Bezugspersonen abzuwerten?

Auseinandersetzung im Team:

Selbst entscheiden, wann mir kalt ist

Vertrauen wir den Kindern, dass sie selbst spüren können, wann ihnen kalt oder warm ist und entsprechend selbst ihre Kleidung wählen können?

Was hindert uns daran?

Was kann uns helfen, zu mehr Vertrauen zu gelangen?

Welche Lernprozesse und Erfahrungen möchten wir den Kindern ermöglichen?

Endlich mal Fußball spielen!

„Morgenkreis“, rufen Sonja und Samuel von der Grashüpfer-Gruppe. Die beiden sind Erzieherin beziehungsweise Erzieher und begleiten die Grashüpfer-Kinder im Kinderladen-Alltag. „Morgenkreis!“

Tarek und Finn flitzen fröhlich in den Raum und lassen sich nebeneinander auf die bunten Kissen fallen. Sie singen ein paar Frühlingslieder und ein Geburtstagslied für Mina. Dann sprechen sie über den Ausflug morgen.

„Was würdet ihr gerne machen morgen?“, fragt Samuel und kriegt richtig viele Antworten:

„Auf den Waldspielplatz! Da ist eine neue Seilbahn!“

„Ich will einen Drachen steigen lassen!“

„Ich will lieber mit einer Rakete fliegen!“...

Auch Tarek und Finn rufen begeistert ihre Idee in die Runde: „Wir wollen Fußball spielen! Auf einem richtigen Fußballplatz.“

Oh oh, es scheint nicht so einfach zu werden, eine gute Lösung für alle zu finden. Sonja und Samuel lachen. Dann beugen sie sich zueinander und flüstern geheimnisvoll vor sich hin.

Dann sagt Samuel: „Wir haben zwei Ideen, über die wir abstimmen können. Nehmt ihr euch alle einen Glitzerstein?“

„Jaaa! Die Glitzersteine! Ich will sie verteilen!“, ruft Levin froh. Er nimmt die Schatzkiste aus der Mitte und hält sie jedem Kind einmal hin, so dass sich alle einen Glitzerstein nehmen können. Dann endlich stellt Sonja die beiden Ideen vor: „Also, wir könnten mit der S-Bahn in den Volkspark fahren. Dort gibt es einen Spielplatz mit Seilbahn und einem Fußballplatz und genau daneben eine große

Wiese fürs Drachensteigen. Wer das möchte, legt den Stein auf dieses Bild!“ Dabei hält sie ein selbst gemaltes Bild hoch und legt es dann in die Mitte des Kreises. „Oder: wer lieber möchte, dass wir alle mit dem Bus zum Waldspielplatz mit der neuen Seilbahn fahren, legt den Stein auf dieses Bild.“ Sie zeigt das Bild vom Waldspielplatz und legt auch das dann in die Mitte des Kreises. Dann schlägt sie den Gong und als kein Ton mehr zu hören ist, zieht sie einen Zettel aus einem Beutel. MINA steht da. Mina strahlt. Sie ist heute die Erste. Sie nimmt ihren Stein und legt ihn auf das Volkspark-Bild. Diesen Ausflug würde sie morgen am liebsten machen!

Nacheinander legen nun alle Kinder ihren Stein auf das eine oder das andere Bild. Es herrscht eine gespannte Stille und alle beobachten, wie sich die glitzernden Steine auf den beiden Bildern türmen. Am Ende zählt Mina alle Steine. Dann sagt sie: „Zwölf Kinder wollen lieber zum Volkspark und sieben Kinder wollen lieber zum Waldspielplatz. Zwölf ist mehr als sieben, also gehen wir morgen zum Volkspark.“

Am nächsten Tag treffen sich alle mit gepackten Rucksäcken vor dem Eingang des Kinderladens und gehen von dort aus gemeinsam zur Haltestelle der S-Bahn.

Tarek und Finn gehen nebeneinander und unterhalten sich darüber, wer alles bei dem großen Fußballspiel mitspielen wollte und wer wann ins Tor geht.

Plötzlich stolpert vor ihnen Levin über einen heruntergefallenen Ast und fällt hin. Er schreit kurz auf, setzt sich dann auf den Boden und hält sich mit beiden Händen das linke Knie. Tarek und Finn bleiben neben Levin stehen. Ob er sich doll wehgetan hat?

Variante 1

Von hinten kommt Sonja, die Erzieherin, und ruft ungeduldig: „Auf! Weitergehen da vorne, wir müssen uns beeilen, die S-Bahn wartet nicht auf uns."

Erst als sie näher kommt, bemerkt sie den auf dem Boden sitzenden Levin. „Oh, bist du hingefallen? Tut dir was weh?" Ohne zu fragen zieht sie Levins Hose ein bisschen hoch und schaut sich die Schürfwunde auf dem Knie an. „Ist nichts passiert, alles gut!", sagt sie sofort, zieht Levin hoch und schiebt die Kinder sanft weiter.

„Ich sehe schon fast den S-Bahnhof! Wir schaffen es!", ruft sie und alle gehen weiter.

Wie fühlt sich Levin?

Levin ist verwirrt und traurig. Sein Knie schmerzt bei jedem Schritt und er läuft kraftlos hinter den anderen her.

Tarek ist empört: „Sonja, du hast gar nicht gewartet, was Levin antwortet! Vielleicht tut es ihm doch weh!“ Aber Sonja ist schon weiter vorne und singt gerade das Bus-Lied. Sie hört Tarek gar nicht zu.

Tatsächlich erwischen sie noch ihre S-Bahn und die Fahrt macht viel Spaß! Es spielt sogar jemand Akkordeon und eine andere Person singt dazu. Nach kurzer Zeit kommen sie schon an.

Als sie alle ausgestiegen sind, bleibt Mina stehen. Ihre Schleife am Schuh ist aufgegangen und der Schnürsenkel schleift wie ein dünner Regenwurm bei jedem Schritt hinterher. „Ich binde mal meinen Schuh“, sagt sie, „das habe ich letzte Woche gelernt.“ Finn und Tarek hocken sich zu ihr auf den Boden und schauen zu. Sie können sich noch gut daran erinnern, wie sie ihre ersten Schleifen gebunden haben und wie froh und stolz sie dabei waren.

Da steht plötzlich Samuel, der Erzieher, über ihnen

und sagt. „Könnt ihr bitte kommen. Die anderen sind schon unten bei der Ampel und warten.“

Als er merkt, dass Mina die gerade gebundene Schleife wieder aufmacht, die ihr nicht so gut gelungen scheint, verliert Samuel die Geduld. „Komm, ich mache das schnell“, sagt er, drängt Tarek und Finn ein bisschen zur Seite, schnappt sich Minas Schnürsenkel und bindet die Schleife schnell selbst.

Wie fühlt sich Mina?

Alles ging so schnell, dass Mina gar nicht so richtig reagieren konnte. Sie ist erschrocken, mutlos und traurig. Sie sagt nichts. Langsam läuft sie hinter Tarek und Finn die Treppen runter zur Ampel.

Samuel geht neben ihr und redet davon, dass er sich sehr freut, dass Mina jetzt Schleifenbinden übt, und dass sie das wirklich schon sehr gut kann und die Schleife, die sie eben gemacht hatte, doch wirklich sehr gut gelungen war. Aber das hört Mina gerade gar nicht wirklich. Sie ist wie ein bisschen im Nebel.

Erst, als sie auf dem Spielplatz angekommen sind und alle ihre Rucksäcke rund um die bunte Picknickdecke gelegt haben, ist die Schwere in Mina verschwunden.

Sie entscheidet sich fürs Drachensteigen und flitzt mit vielen anderen Kindern dem großen bunten Paradiesvogel hinterher, der sich in die Lüfte schwingt. Der lange Schwanz mit den vielen bunten Schleifen berührt die Kinder jedes Mal fast, wenn er über sie hinwegsaust, und die Luft ist dabei von einem herrlichen Surren erfüllt. Mina lacht fröhlich.

Erlebt ihr manchmal unangenehme Situationen mit Erwachsenen, wenn diese nicht genug Zeit haben?

Habt ihr manchmal den Eindruck, nicht ernst genommen zu werden?

Was würdet ihr euch in so einer Situation wünschen?

Könnt ihr euch dann beschweren?

Könnt ihr den Erwachsenen sagen, dass ihr etwas nicht mochtet und hören sie euch dann zu?

Variante 2

Von hinten kommt Sonja, die Erzieherin. Sie kniet sich neben Levin und fragt: „Wie geht es dir? Tut dir etwas weh?“ Levin braucht einen Moment, bis er antworten kann. Er ist noch ein bisschen erschrocken und verwirrt. „Mein Knie tut weh“, antwortet er dann. „Darf ich es kurz anschauen“, fragt Sonja und als Levin nickt, zieht sie seine Hose etwas hoch und betrachtet die Schürfwunde auf dem Knie. „Ja, die Haut ist etwas abgeschürft“, beobachtet sie. „Das tut vielleicht auch noch eine Weile etwas weh.“

Sie zieht die Hose vorsichtig wieder runter und fragt dann: „Kannst du dir vorstellen, trotzdem schon wieder aufzustehen und weiterzugehen?"

Levin überlegt eine Weile und sagt dann: „Es geht schon besser! Ja, ich kann laufen." Er steht auf und geht weiter.

Und wenn Levin nein gesagt hätte?
Was hätten sie dann machen können?

Als sie am Bahnsteig ankommen, fährt gerade ihre S-Bahn ein. „S-Bahn, S-Bahn, wir wollen gerne mit dir fahren", ruft Tarek fröhlich und Levin fügt hinzu: „Weil laufen wäre viel zu lahm!" Alle steigen lachend ein.

Tarek, Finn, Levin und Mina finden einen Platz zusammen und reimen noch ein bisschen weiter: „Drachen - Krachen, Fußball – Weltall." Bald sind sie auch schon angekommen.

Als sie alle ausgestiegen sind, bleibt Mina stehen. Ihre Schleife am Schuh ist aufgegangen und der Schnürsenkel schleift wie ein dünner Regenwurm bei jedem Schritt hinterher. „Ich binde mal meinen Schuh", sagt sie, „das habe ich letzte Woche gelernt." Finn und Tarek hocken sich

zu ihr auf den Boden und schauen zu. Sie können sich noch gut daran erinnern, wie sie ihre ersten Schleifen gebunden haben und wie froh und stolz sie dabei waren.

Da steht plötzlich Samuel, der Erzieher, über ihnen und sagt. „Könnt ihr bitte kommen. Die anderen sind schon unten bei der Ampel und warten."

Samuel beobachtet, dass Mina die gerade gebundene Schleife, die sie offensichtlich nicht so gelungen findet, wieder aufmacht. Er hockt sich neben Mina und sagt zu ihr: „Ich sehe, du willst jetzt gerne deine Schleife in Ruhe binden." Mina nickt. „Und du willst das gerne alleine machen, oder?" Mina nickt wieder. „Ja, ich habe es gerade letzte Woche gelernt!", sagt sie strahlend.

Samuel lächelt. Er sagt: „Das ist mir sehr wichtig, dass du das in Ruhe machen kannst. Nur gerade jetzt passt es nicht. Jetzt möchte ich, dass wir schnell weitergehen. Ich schlage vor, dass du den Schnürsenkel einfach ganz ungebunden in den Schuh hinein steckst, mit uns in den Park schlurfst und dich dort wieder genau so hinsetzt und dir alleine deine Schleife bindest. Bist du bereit dazu?"

„Mhmm", Mia überlegt. Dann sagt sie: „Ja!" Sie

stopft den „Regenwurm“ in den Schuh hinein und geht entschlossen und fröhlich schlurfend mit Samuel, Finn und Tarek los.

Als sie auf dem Spielplatz angekommen sind, setzt sie sich neben alle Rucksäcke auf die bunte Picknickdecke und beginnt wieder, die Schleife an ihrem Schuh zu binden. Erst als sie fertig und ganz zufrieden ist, schaut sie sich um und überlegt, was sie nun machen möchte.

Sie entscheidet sich fürs Fußballspielen. „Ich spiele auch mit“, ruft sie fröhlich und stürmt zu Tarek und Finn und Lea und Levin auf das große Fußballfeld. „Jaaa, Verstärkung für uns!“, ruft Tarek glücklich. „Ist das okay für euch, Lea und Levin, wenn Mina bei uns mitspielt?“. „Okay“ „Ja!“. Und weiter geht’s!

Finn hütet das eine Tor, während Tarek mit dem Ball nach vorne stürmt und auf das andere Tor zielt. Aber Lea ist ganz konzentriert und hält den Ball, schießt ihn schnell zu Levin vor. Auch Finn ist ganz aufmerksam und bereit, jeden noch so schnellen Ball aus allen Himmelsrichtungen zu halten. Levin schießt und ... Pfosten! Uff, das war knapp. Nun hat Mina den Ball und Levin ist ihr auf den Fersen. Sie rennt wie der Blitz und schießt den Ball mit aller Kraft und ... Tor!

Tarek und Finn sind begeistert und auch Lea und Levin freuen sich für Mina! „Du Fußball-Geburtstagskind“, ruft Finn und alle lachen.

Reflexion

Umgang mit Zeitdruck

In der Geschichte gibt es zwei Momente, in denen es für die pädagogischen Fachkräfte schwierig ist, sich ausreichend Zeit für die Begleitung einer Situation zu nehmen. Dies ist ein strukturelles Problem von Kindertagesstätten und Grundschulen und lässt sich in den allermeisten Einrichtungen nicht mal eben so vermeiden. Auch im privaten Alltag mit Kindern kommen diese Momente immer wieder vor. Oft haben wir den Eindruck, dass wir uns beeilen müssen, um pünktlich zur Arbeit oder einer anderen Art von Verabredung zu kommen. Daher ist es wertvoll, zu überlegen, wie in solchen Situationen trotz Eile übergriffiges Verhalten vermieden werden und möglichst wertschätzend und klar gehandelt werden kann.

Wichtige Eckpunkte für den Umgang mit den Situationen in der Geschichte waren:

- für einen Moment mit der ganzen Aufmerksamkeit da zu sein und zuzuhören
- die Gefühle und Anliegen des Kindes voll anzuerkennen
- die eigene Grenze beziehungsweise die Begrenzungen der momentanen Situation zu benennen
- möglicherweise das eigene Bedauern darüber auszudrücken
- eine klare Bitte zu formulieren

- bei Bedarf, einen anderen zu Zeitpunkt vereinbaren oder eine Absprache zu treffen

Dabei ist es besonders wichtig, Beschuldigungen zu vermeiden! Niemand hat etwas falsch gemacht. Im Gegenteil! Die Botschaft ist im besten Fall: Ich sehe dich, ich verstehe dich! Nur jetzt gerade schaffe ich es nicht, dafür Zeit einzuräumen.

Gleichzeitig können wir uns auch immer wieder die Frage stellen: Ist das, was jetzt passiert, wichtiger als der Zeitplan? Können wir uns durch eine Planänderung die Zeit schaffen, um die Situation angemessen zu begleiten?

Auseinandersetzung im Team:

Zeitdruck

Wann sind wir in unserem Alltag in der Einrichtung so in Eile, dass wir unseren eigenen Ansprüchen nicht mehr genügen?

Sind das wiederkehrende Momente, die in der Struktur des Tagesablaufs angelegt sind?

Können wir uns da mehr Luft schaffen?

Können wir etwas ganz anders machen?

Fallen uns vielleicht ganz ungewöhnliche, phantastische, verrückte Ideen ein, die wir ausprobieren wollen?

Sind es eher einzelne Momente?

Wie fühle ich mich dann?

Wie reagiere ich, wenn es Zeitdruck gibt?

Was brauche ich dann?

Wie können wir uns im Team gegenseitig unterstützen?

Die Gefühle der Kinder ernst nehmen

In der Geschichte übergeht die Erzieherin Sonja das schmerzende Knie von Levin mit dem Satz: „Es ist nichts passiert! Alles gut!“ Sie lässt ihn nicht selbst ausdrücken oder formulieren, wie er sich fühlt. Vielmehr vermittelt sie ihm die Botschaft, dass sie als Erwachsene von außen beurteilen kann, wie schlimm etwas ist.

Das passiert Erwachsenen häufig. Oft fällt sogar gar nicht auf, wie übergriffig und verletzend dies für das Kind sein kann. Wir hören auf dem Spielplatz, in der eigenen Einrichtung und zu Hause vielleicht Sätze wie: „Du musst doch nicht gleich so wütend sein!“.„Hör doch mal auf zu weinen!“, „Jetzt reicht es aber mal, er hat sich doch entschuldigt!“

Auch dadurch nehmen wir die Gefühle der Kinder nicht ernst. Dabei schwingt zudem eine Beschuldigung mit: Die Gefühle des Kindes oder sein Umgang damit sind nicht in Ordnung.

Kinder hören dann schnell: „Ich bin nicht in Ordnung!“ Auch wenn wir das nicht bewusst so meinen. Das kann die Entwicklung eines gesunden Selbstwertgefühls erschweren.

Kinder können durch solche Erfahrungen leider auch lernen, sich nicht mehr auf ihr eigenes Erleben und Fühlen zu verlassen.

Auseinandersetzung im Team:

Gefühle der Kinder ernst nehmen

Erster Austausch zu dritt: Wann passiert es mir, dass ich die Gefühle der Kinder nicht ernst nehme?

Was sage ich, was mache ich, was mache ich nicht, wie schaue ich...?

An konkreten Beispielen kann die Kleingruppe überlegen: Welche Botschaft erhält das Kind? Welche Auswirkungen hat dieser Umgang für die Kinder? Und für unsere Beziehung mit ihnen?

Austausch in der Gruppe:

Wie können wir die Gefühle der Kinder ernster nehmen?

Wann ist mir das mal besonders gelungen?

Was könnten wir konkret sagen oder tun, so dass das Kind sich wahrgenommen und ernst genommen fühlt?

Wie können wir Verantwortung für unsere Gefühle und unsere persönlichen Grenzen übernehmen?

Sprechen über Unwohlsein und Beschwerdemöglichkeiten

Vor allem im Kontext von Kindertagesstätten und Grundschulen bietet sich nach dem Lesen ein Gespräch über die eigenen Erfahrungen der Kinder mit den pädagogischen Fachkräften oder Lehrpersonen an. Wenn die vorlesende erwachsene Person offen ist, zuzuhören, werden sich die Kinder eingeladen fühlen, von Situationen zu erzählen, in denen sie sich klein oder unwohl gefühlt haben

und den Eindruck hatten, dass die Erwachsenen sie gerade nicht ernst nehmen. Dann ist es wichtig, dass wir ihr Erleben und ihre Gefühle mitfühlend hören und das Verhalten der erwachsenen Person nicht rechtfertigen. Vielmehr können wir uns fragen, was wir dazu beitragen können, dass solche Situationen nicht selbstverständlich bleiben.

Vielleicht kann sich auch ein Gespräch darüber anschließen, wie die Kinder den Erwachsenen im Alltag direkt sagen können, was sie gestört oder verletzt hat.

Sicher gibt es in der Einrichtung ein geregeltes Beschwerdeverfahren. Aber wissen die Kinder davon? Funktionieren die theoretischen Ideen in der Praxis? Wie kann es leichter werden, sich zu beschweren? Welche Ideen haben die Kinder?

Mit der Höhle unterwegs

Maurice und Laia spielen in ihrer Höhle. Gerade haben sie ihre Schlaflager vorbereitet und sitzen nun beim Abendessen zusammen. Ihre beiden Babys schlafen schon. Sie sind warm zugedeckt, jedes hat ein Kuscheltier bei sich. Das war ein aufregender Tag heute mit viel Besuch, einer großen Rettungsaktion und zuletzt auch noch den Reparaturen an der Höhle. Gut, dass sie sich nun ausruhen können.

Da hören sie ein Geräusch. Ob das wieder das Wildschwein ist, was gestern auch schon draußen herumgeschlichen ist?

Nein, es ist Michel, ihr Papa, der ins Zimmer gekommen ist und irgendwas von Aufräumen ruft. Sein Kopf schiebt sich auch gleich zwischen die bunten Decken, die sie an ihrem Hochbett angebracht haben und taucht

plötzlich mitten in ihrer gemütlichen Höhle auf. Er merkt gar nicht, wie unpassend das ist und redet gleich ganz fröhlich los: „Hey ihr beiden, ach, habt ihr es schön hier! Ich packe jetzt die Sachen ins Auto. Ihr könnt bitte so lange hier aufräumen und dann geht's auch schon sofort los zu Antonio und Margot - und natürlich Frida und Luis!"

Antonio ist ein hundertjahrelanger Freund von Michel und Frida und Luis sind seine Kinder.

Heute wollen sie sie mal wieder besuchen fahren. Michel freut sich schon sehr lange auf diesen Ausflug und redet seit Tagen von kaum etwas anderem. Er ist mit Antonio in die Schule gegangen, damals, als die beiden noch jung und wild waren, und es scheint so, als hätten sie die lustigsten Abenteuer der Welt zusammen erlebt.

Eigentlich freuen sich auch Maurice und Laia auf den Ausflug. Letztes Mal war es ziemlich lustig mit den anderen Kindern.

Aber gerade jetzt passt es ihnen gar nicht, ihr Spiel zu unterbrechen. Wie aus einem Munde sagen sie: „Wir wollen noch weiterspielen!" „Ich will jetzt aber noch nicht los!" „Ich auch nicht!"

Michel ist völlig überrumpelt. „Was? Wir haben uns doch schon seit Tagen so darauf gefreut! Und jetzt wollt ihr nicht mitkommen?“ Sogleich mischt sich in sein ungläubiges Gesicht Ärger und er sagt ziemlich scharf: „Nee, Leute, das geht so nicht! Heute bin ich nicht bereit für Diskussionen. Wenn ich wieder oben bin, ist die Höhle hier abgebaut und ihr seid angezogen und bereit zum Losfahren!“ Wütend stapft er hinaus.

Maurice und Laia schauen sich an.

Wie fühlen sie sich?
Was denken sie?

Maurice will schon fast aufstehen und die Decken abnehmen, als Laia sagt: „Komm, wir spielen noch die Nacht und den Morgen, dann wecken wir die Babys und gehen los.“ Maurice guckt sie verwundert an und lächelt dann.

„Gute Nacht, gute Nacht,“ sagen sie und kuscheln sich in ihre Betten aus Stroh und Tierfellen.

„Guten Morgen.“ „Guten Morgen.“ „Ach, die Babys sind ja schon wach, ich mache mal den Brei, vielleicht

kannst du sie schon anziehen.“ Sie sind sogleich wieder in ihr Spiel vertieft.

Variante 1

Als Michel hochkommt und bemerkt, dass Maurice und Laia noch immer in ihrer Höhle spielen und nicht aufgeräumt haben, kommt gleich wieder Wut in ihm hoch. Er stürmt ins Kinderzimmer.

Was denkt ihr, macht Michel jetzt?

Er ruft: „Sagt mal, seid ihr wirklich immer noch am Spielen? Ich will, dass ihr jetzt sofort aufhört! Das habe ich euch eben schon gesagt! Jetzt aber ganz fix! Aufräumen! Packen! Anziehen! Nur wegen euch werden wir jetzt zu

spät kommen! Na, vielen Dank!“

Laia und Maurice sind erschrocken. So wütend haben sie ihren Vater noch nie erlebt. Sie haben ein bisschen Angst. Schnell bauen sie die Höhle ab und packen ihre Sachen ein. Ein paar Minuten später stehen beide fertig angezogen im Flur. Sie fühlen sich immer noch unsicher und klein. „Wir sind soweit“, ruft Laia vorsichtig.

Michel kommt aus dem anderen Zimmer. Er sieht jetzt ganz ruhig aus, vielleicht auch ein bisschen traurig? Er sagt: „Na, da wart ihr jetzt aber schnell. Danke. Dann fahren wir mal los!“

Am Anfang sind alle ziemlich still auf der Autofahrt. Alle drei schauen aus verschiedenen Fenstern in den Nieselregen.

Erst als sie das Radio anmachen und nach einer Weile das Lied „Immer muss ich alles sollen“ kommt, verändert sich die Stimmung im Auto. Das kennen sie alle gut und sie singen erst leise und dann immer lauter mit. Als das Lied zu Ende ist, dreht sich Michel um und sagt: „Entschuldigt bitte, dass ich vorhin so einen Anfall bekommen habe!“

Maurice antwortet: „Ist okay, Papa, du warst halt enttäuscht.“ Dann summt er noch ein bisschen das Lied weiter.

Variante 2

Als Michel hochkommt und er sieht, dass Maurice und Laia noch immer in ihrer Höhle spielen und nichts aufgeräumt haben, kommt gleich wieder Wut in ihm hoch.

Er will sofort ins Zimmer stürmen, aber er schafft es, stehenzubleiben und innezuhalten. „Warum bin ich eigentlich gerade so wütend?“, fragt er sich selbst. Er lässt sich auf das Sofa plumpsen und forscht nach.

Sofort entdeckt er ein paar Gedanken, die da aufgeregt auf und ab hüpfen:
„Ich hatte mich so gefreut auf den Ausflug und jetzt wird das alles nichts!“
„Wenn ich mal etwas von den Kindern will, interessiert sie das gar nicht!“
„Sie machen immer nur, was sie wollen!“

Oh, beinahe hätte er das alles genauso wütend zu den Kindern gesagt. Dabei glaubt er das alles selbst nicht, wenn er das jetzt so in Ruhe betrachtet. „So ein Quatsch“, denkt er und forscht weiter, wie es ihm eigentlich gerade geht.

Aha! Hinter der Wut ist Enttäuschung versteckt und ein bisschen Traurigkeit. Enttäuscht ist er, weil gerade nicht alles so schnell und vor allem nicht so fröhlich-leicht miteinander geht, wie er es sich für diesen Tag gewünscht hatte. Und traurig ist er, weil er den Kindern eben soviel Stress gemacht hat, von wegen sofort Aufräumen und Losgehen, und weil er sich nun nicht so verbunden mit ihnen fühlt.

Und ein bisschen unsicher ist er auch, merkt er.

„Was mache ich jetzt“, fragt er sich.

Was denkst du: Was könnte Michel jetzt machen?
Was denkst du, könnte für alle eine gute Lösung sein?

Michel geht zum Zimmer und klopft. „Hallo ihr Höhlenbewohner und Höhlenbewohnerinnen. Kann ich reinkommen?“

Von innen erklingt ein fröhliches „Jaa!“.

Laia und Maurice stecken die Köpfe aus der Höhle heraus. Michel sagt: „Es tut mir leid, dass ich euch gerade so einen Stress gemacht habe. Es ist mir wichtiger, entspannt mit euch zu sein, als ganz genau pünktlich anzukommen. Wie viel Zeit braucht ihr noch etwa für euer Spiel?“ Maurice

antwortet: „Wir wollten noch die Babys fertig anziehen und das Lager räumen, dann sind wir fertig.“ „Ja, weil wir ziehen nämlich weiter und schlafen heute Nacht an einem anderen Ort – naja, bei Frida und Luis“, fügt Laia lächelnd hinzu.

„Okay“, sagt Michel. „Dann rufe ich mal Antonio an und sage ihm, dass wir erst in etwa einer halben Stunde losfahren und dass er sich nicht wundern soll, wenn wir viel Gepäck mitbringen.“

„Ach so, und was mir noch eingefallen ist, nehmt alles mit, was ihr für die nächste Woche braucht. Auf dem Rückweg von Antonio bringe ich euch direkt zu Elisa. Dann ist wieder Mama-Woche!“

Maurice und Laia spielen das Spiel zu Ende und packen ihre Sachen für die kommende Woche bei ihrer Mutter in die Rucksäcke. Alles, was sie für die weiteren Höhlenbewohnerinnen-Abenteuer bei Luis und Frida brauchen, sammeln sie auf einem großen Bettlaken, das sie oben zuknoten.

So kann die Reise losgehen.

Auf der Autofahrt reden sie die ganze Zeit darüber, wie das Leben früher wohl war, als die Menschen in Höhlen oder Zelten wohnten und immer dorthin weiterziehen mussten, wo es gerade etwas zu essen für sie gab. Sie denken, dass das Leben ganz schön gefährlich war damals. Wegen der wilden Tiere und der vielen giftigen Beeren und Pflanzen.

Michel erzählt, dass jemand in einem Buch geschrieben hat, dass manche Kinder heute deshalb keinen Spinat und Salat essen, weil es damals für die Höhlenkinder sehr gefährlich war, irgendwelche grünen Blätter einfach so zu essen. Und dass die Kinder von heute eigentlich immer noch genauso funktionieren wie die Kinder der Höhlenmenschen.

Alle lachen.

„Klar, deshalb habe ich auch manchmal so eine Angst alleine im dunklen Zimmer, obwohl ich weiß, dass nicht wirklich ein Löwe kommen kann“, ruft Maurice.

Die Zeit im Auto vergeht ganz schnell und plötzlich sind sie schon beim Haus von Antonio, Margot, Luis und Frida angekommen. Luis und Frida haben schon gewartet und in der Zeit auch eine Höhle auf dem Dachboden gebaut. Nach den ersten Momenten der Unsicherheit flitzen die vier mit ihrem Sack nach oben und tauchen bis zum Essen nicht mehr auf.

Unterbrechen euch die Erwachsenen manchmal beim Spielen?

Kennt ihr auch Erwachsene, die nicht so gut damit umgehen können, wenn sie enttäuscht sind?

Habt ihr auch manchmal Angst, wenn Erwachsene sehr wütend sind?

Wollt ihr noch etwas zu der Geschichte sagen?

Oder habt ihr vielleicht eine Frage?

Reflexion

Respekt vor dem Spiel und dem „Raum“ von jüngeren Menschen

Wie selbstverständlich platzen wir als Eltern, Bezugspersonen oder pädagogische Fachkräfte in das Spiel von Kindern hinein? Kommt es mir seltsam vor, zu fragen, ob es gerade passt, wenn ich ihnen etwas sagen möchte? Unterbreche ich Kinder leichter als Erwachsene?

Zeit geben

In der Geschichte freuen sich Maurice und Laia auf den Ausflug. Sie brauchen allerdings mehr Zeit. Auch hierzu können wir uns fragen: Passiert es bei uns zu Hause oder in der Einrichtung, dass wir jüngeren Menschen nicht die Zeit geben, die sie in dem Moment brauchen, um unsere Vorschläge oder Pläne anzunehmen? Erwarten wir manchmal, dass sie sofort oder jedenfalls sehr bald bereit sind, wenn wir mit ihnen reden oder losgehen wollen?
Was sagen die Kinder zu ihren Erfahrungen mit uns diesbezüglich?

Oft hilft es, mehr Zeit zur Verfügung zu haben, um zu einer für alle angenehmen Lösung zu kommen. Dazu braucht es auch die Bereitschaft (und manchmal den Mut) der Erwachsenen, diese Zeit zu ermöglichen – und zum Beispiel per Telefon die Verspätung anzukündigen. Weil mir Respekt und Kommunikation im Umgang

mit jüngeren Menschen wichtig sind – und nicht, „weil die hier so ein Theater machen!"

Genau in solchen Prozessen lässt sich auch wunderbar erforschen: Geben wir manchmal den Kindern die Schuld, dass wir mal wieder zu spät gekommen sind? Wie können wir als Erwachsene mehr Verantwortung in solchen Prozessen übernehmen? Wie können wir so von der Situation erzählen, dass auch unser eigener Beitrag zur Zeitverzögerung oder vielleicht sogar zur Eskalation sichtbar wird?

Getrennte Eltern

In der Geschichte wird bewusst nur ganz nebenbei darauf verwiesen, dass die Eltern getrennt leben und die Kinder die kommende Woche wieder bei der Mutter sind. So selbstverständlich, wie es für sehr viele Kinder eben ist.

Wenn Kinder beim Vorlesen darauf aufmerksam werden und es für sie bedeutsam ist, werden sie selbst etwas darüber erzählen oder fragen. Dann wird es ein Thema in der Gruppe werden.

Eigene Gedanken erforschen

Michel führt in der Geschichte eindrücklich vor, wie es aussehen kann, wenn es uns gelingt, kurz vor einem Wutausbruch gegenüber den Kindern innezuhalten und sich Zeit zu nehmen, die eigenen Gedanken zu erforschen.

Manchmal hilft es, sich diese bewusst zu machen und sich zu fragen: Glaube ich das wirklich? Will ich auf dieser Grundlage handeln? Dann können wir uns wieder der konkreten Situation zuwen-

den und auf eine andere Art und Weise mit ihr umgehen. Möglicherweise können wir uns dann in einem anderen Moment noch einmal ausführlich mit unseren Gedanken beschäftigen – und mit dem, was sie über uns selbst aussagen.

Innehalten

Tatsächlich ist es oft der zentralste Schritt auf dem Weg der Veränderung, das Innehalten zu üben! Gelingt es erst einmal, das eigene Handeln und Sprechen gegenüber den Kindern bewusst wahrzunehmen, die feinsten Alarmsignale ernst zu nehmen und sofort erst einmal ein innerliches „Stop" einzubauen und innezuhalten, ist der größte Schritt getan.

Auseinandersetzung im Team:

Überforderung, Innehalten und gegenseitige Unterstützung

Erster Austausch zu zweit oder zu dritt:

Wann ist es mir mal passiert, dass ich die Kinder in einem Moment von Überforderung und Ärger plötzlich angeschrien, verurteilt oder mit ihnen geschimpft habe und im Nachhinein darüber Scham und Unwohlsein empfunden habe?

Wie habe ich mich davor gefühlt? Wie war da mein Zustand? Habe ich wahrnehmen können, dass ich an meine Grenze gelange?

Wie kann ich meine Grenze bzw. Überforderung erkennen? Wie drückt sich das in mir aus? Welche Signale kenne ich bei mir?

Was brauche ich in einem solchen Moment? Was würde mir gut tun? Wie ließe sich der „Ausbruch“ vermeiden?

Austausch in der Gruppe:

Fokus: gegenseitige Unterstützung
Wie können wir uns gegenseitig darin unterstützen, auf unsere Grenzen zu achten und auch im trubeligen Alltag gut für uns zu sorgen?

In der Gruppe können sich die Menschen zunächst ein bisschen von für sie persönlich wertvollen Erkenntnissen berichten und erzählen, was ihnen helfen könnte, einen „Ausbruch“ zu vermeiden.

Hier können auch vertiefende Reflexionen stattfinden und gemeinsame Verabredungen getroffen werden.

Fokus: Innehalten
Wie können wir in konkreten Momenten inne halten?
Wie können wir das üben?
Ist es möglich, diesen kurzen Moment Zeit zu nehmen? Trauen wir uns, mitten im Satz aufzuhören zu sprechen, mitten in der Bewegung inne zu halten – ohne bereits zu wissen, was danach passieren wird?

Wollen wir den Kindern dann etwas dazu sagen?

Weiterlesen zum Thema „Heutige Kinder sind wie die Kinder der Höhlenmenschen“: Renz-Polster, Herbert (2015). Kinder verstehen. Born to be wild: Wie die Evolution unsere Kinder prägt. München
Das Lied „Immer muss ich alles sollen“ von Gisbert zu Knyphausen findet sich hier: https://www.youtube.com/watch?v=62Ae75BuEyA

Das Baumschiff

Bente ist heute mit ihren beiden Müttern Lisa und Zoe, ihrem jüngeren Bruder Jakob und ihrer Freundin Franka unterwegs zum Birkensee.

Franka verbringt das ganze Wochenende bei ihnen. Endlich! Darauf hatten sie sich schon so lange gefreut.

Und nun ist auch noch so ein herrlicher Frühlingstag mit viel Sonne und noch viel mehr kleinen weißen Wölkchen, die am Himmel verteilt sind, wie im Bilderbuch.

Bente und Franka hüpfen auf dem Waldweg vorneweg. Sie gehen in die selbe Klasse und sagen beste Freundinnen zueinander. Bente hat noch viele andere Freunde und Freundinnen, aber am wohlsten fühlt sie sich doch mit Franka. Mit ihr kann sie einfach so sein, wie sie ist. Alles kann so aus ihr rauskommen, wie es sich in ihr anfühlt. Und sie hat keine Angst, dass Franka über sie lacht oder sie lieber anders haben wollte.

„Schau mal, hier sind so Spuren im Matsch," ruft Bente und zeigt, was sie entdeckt hat. „Vielleicht sind hier Rehe vorbeigekommen. Oder machen Wildschweine solche Abdrücke?" Franka überlegt: „Ich glaube, wenn die hinteren Zehen so weit rausstehen, könnte es wirklich ein Wildschwein sein. Ich habe die verschiedenen Spuren mal in einem Heft gesehen. Das kann ich das nächste Mal mitbringen, wenn du möchtest, und wir können die Spuren gemeinsam bestimmen", sagt Franka. „Ja, toll", sagt Bente und stellt sich vor, wie hier heute Nacht ein Rudel Wildschweine vorbeigerockt kam. „Die hätte ich gerne von einem sicheren Versteck im Baum aus beobachtet", denkt sie. „Vielleicht werden wir im Sommer mal welche sehen, wenn wir zelten gehen", sagt sie laut zu Franka. „Au ja", ruft Franka, „dann bringe ich auf jeden Fall das Heft mit und die Lupe."

Dann fällt ihnen ein, dass sie ihre Lupen ja auch jetzt schon dabei haben und sie verbringen einen großen Teil des Weges damit, verschiedenste Käfer, Ameisen und am Ende sogar einen gelangweilten Marienkäfer genauestens zu betrachten.

Am Ufer des Sees setzen sie sich auf den Steg, warten auf Lisa und Jakob und lassen die Beine baumeln. „Meinst du, wir werden uns noch immer kennen, wenn wir so alt sind wie Lisa, Zoe und meine Mama?“, fragt Franka leise. Bente schaut auf die kleinen Wellen des Sees „Ich glaube schon“, sagt sie leise zurück und fügt dann hinzu: „Also ich hoffe es auf jeden Fall!“ Bente legt den Arm um Franka und lehnt sich an. Nach einer Weile fängt sie an zu kichern und sagt „Vielleicht haben wir dann selbst schon Kinder, die gerne Käfer untersuchen, und wir latschen hinterher und reden stundenlang!“ Franka muss auch loslachen. Die beiden stellen sich noch eine Weile weiter vor, wie sie dann sein werden und wo und mit wem sie wohnen werden.

Kürzere Version beginnt hier mit dem folgenden Einschub:

(Die zwei Freundinnen Franka und Bente machen einen Ausflug zum Birkensee. Auch Bentes Bruder Jakob und ihre Mütter Lisa und Zoe sind dabei. Franka und Bente sind schon vorgelaufen und haben Käfer beobachtet. Nun sitzen sie auf dem Steg am Wasser und lassen die Beine baumeln.)

Mittlerweile sind auch Lisa, Zoe und Jakob am See angekommen und bereiten eine Decke auf dem warmen Sand aus. Jakob zieht sich sofort die Schuhe aus und macht es sich auf der Decke gemütlich. „Es gibt Laugenbrezeln und Nudelsalat", ruft er den beiden zu. „Kommt schnell, sonst ist gleich alles aufgegessen!" Eine Sekunde später sind alle fünf auf der Decke versammelt. Na gut, eine Minute später!

Nach dem Essen erkunden Franka, Jakob und Bente die Umgebung. Sie entdecken bald einen großen Baum, der fast bis unten viele verzweigte Äste hat. Der perfekte Kletterbaum! Franka und Bente schwingen sich sofort in die höheren Etagen und auch Jakob ist begeistert und beginnt seinen Aufstieg.

Variante 1

Nach einer Weile hören sie, wie Lisa von weitem ruft: „Stop, wartet mal! Nicht so hoch!“ Sie kommt schnell angerannt und klingt aufgeregt. „Oh nee, Jakob, das ist mir zu hoch! Du bist noch zu klein für solche Kletteraktionen, komm bitte sofort runter!“ Aber Jakob will nicht runter kommen. Er fühlt sich ganz sicher und wohl auf dem Baum. Nun ist er etwas verunsichert von der Aufregung und Angst in Lisas Stimme. Abwechselnd schaut er auf Lisa hinunter und wieder zu den einladenden Ästen hinauf. „Ich will weiter klettern“, ruft er hinunter. Aber für Lisa scheint das gar nicht in Ordnung zu sein. Sie greift Jakobs Hosenbein und zieht daran. „Nein! Das kannst du machen, wenn du ein paar Jahre älter bist, aber jetzt noch nicht! Du kletterst jetzt Stück für Stück wieder runter!“

Wie fühlt sich Jakob?
Was denkt er?

Jakob ist traurig, dass seine Mutter ihm gerade nicht vertrauen kann. Er ist sich so sicher, dass er gut noch ein paar Äste weiter hochklettern könnte. Wieso kann Lisa das

nicht glauben? Er beginnt zu weinen, schüttelt Lisas Hand ab und sucht langsam nach dem nächsten Halt für den Abstieg.

Lisa greift sein Hosenbein allerdings sofort nochmal und hält die andere Hand so ausgebreitet, als würde sie ihn auffangen wollen, falls er fällt. Sie sieht aus, als würde gleich das größte und gefährlichste Unglück der Welt passieren. Sie sagt: „Pass gut auf, ja, da kannst du den Fuß hinstellen, gut, und jetzt diesen Ast mit der Hand greifen, ja, genau."

Jakob wird langsam wütend. Er schüttelt die Hand nochmal ab. Er kann diese irgendwie viel zu große Angst von Lisa gerade gar nicht gut aushalten. „Hör auf, Mama, ich bin ganz sicher! Ich komme alleine runter", ruft er laut und auch Franka und Bente mischen sich ein.

Was meinst du:
Was werden Franka und Bente jetzt machen?

Bente ruft von oben aus den dichten Ästen „Mama, lass Jakob in Ruhe. Er kann voll gut klettern und es ist doch gefährlich, wenn du an ihm ziehst!" Franka fügt hinzu: „Ich glaube, Jakob kann gut selbst einschätzen, was er

kann und was nicht. Du brauchst dir nicht so Sorgen zu machen."

Lisa ist so beeindruckt von den Worten der Kinder, dass sie tatsächlich das Bein loslässt und auch aufhört, Ratschläge zu geben. Jakob lächelt innerlich. Er ist sehr glücklich, dass Bente und Franka ihn verstehen.

Leichtfüßig klettert er die letzten Äste herunter und landet neben Lisa auf dem Boden. Sie nimmt ihn in den Arm und für ihn passt es gerade auch.

Jetzt ist endlich auch Lisas riesengroße Angst und Panik wie weggeflogen. Sie ist jetzt ganz da. Jakob ist erleichtert und kuschelt sich an sie. „Danke", sagt Lisa.

Und dann sagt sie noch: „Es tut mir leid für dich, dass ich so eine Angst habe, wenn ich dich klettern sehe. Aber weißt du was: Das hat nichts mit dir zu tun. Ich sehe ja, wie gut und sicher du kletterst! Ich werde mal versuchen, mich um meine Angst zu kümmern!" „Das ist gut", sagt Jakob noch erleichterter. „Das nächste Mal komme ich nämlich nicht so schnell runter!"

Jakob und Lisa lachen.

Dann flitzt Jakob zu Zoe, die gerade vom Joggen wieder beim See angekommen ist und aussieht, als ob

sie womöglich gleich schwimmen gehen würde. Hui, wie aufregend! Ob das Wasser denn schon warm genug ist?

Variante 2

Plötzlich merken sie, dass Lisa herübergekommen ist und sie von unten beobachtet. „Hallo ihr drei“, sagt sie und schaut weiter zu, wie sie klettern. Nach einer Weile sagt sie: „Fühlt ihr euch sicher da oben?“ „Jaaa!“, rufen alle drei! Lisa beobachtet weiter. Sie merkt, dass in ihr eine kleine Angst auftaucht. Was, wenn jemand aus Versehen abrutscht und herunterfällt?

Gleichzeitig sieht sie, dass alle drei sehr konzentriert und sicher klettern. Das beruhigt sie. Sie setzt sich unter den Baum und schaut den dreien zu.

Der Baum hat sich mittlerweile in ein Segelschiff verwandelt. Jakob steuert das Schiff und setzt die Segel. Die beiden Matrosinnen Franka und Bente klettern gerade etwas weiter oben in den Masten und halten Ausschau nach Piratenschiffen. Nach einer Weile rufen sie zu Jakob runter: „Hey! Von hier oben sehen wir eine Insel! Komm schnell hoch! Das ist voll interessant!“

Jakob ist begeistert. Er will auch oben sein und die Insel sehen und mitmachen. Also klettert er in den Ästen weiter hoch. Nach einer Weile merkt er, dass er ein bisschen unsicher wird. So hoch oben im Baum ist er. Er macht eine Pause.

Von oben ruft Bente: „Na, komm schon, du hast es gleich geschafft. Einfach weiter!“

Wie geht es Jakob?
Was wird er jetzt machen?

Jakob schaut nach unten. Ganz schön weit weg ist der Boden. Er fühlt sich unsicher und hat ein bisschen Angst. Gleichzeitig würde er gerne bei Franka und Bente sein und da oben mitmachen. Aber nein, er merkt, dass es für ihn gerade nicht passt, weiter nach oben zu klettern.

Er ruft: „Ich will nicht weiter hoch klettern! Ich gehe lieber wieder runter.“ Dann fügt er noch lachend hinzu: „Ich bin dann auch schneller auf der Insel, wenn wir anlegen!“

Nun macht sich Jakob an den Abstieg. Er weiß, dass Lisa da unten ist und er sie um Hilfe bitten könnte, wenn er es nicht schafft. Aber er will es erst einmal alleine versuchen.

Er tastet mit dem Fuß nach dem nächsten Ast. Aha, da hat er wieder sicheren Halt. Und jetzt die Hände und dann der nächste Fuß! Uff, das Hochklettern war viel leichter, denkt Jakob überrascht.

Ast für Ast klettert Jakob runter und fühlt sich mit jedem Schritt sicherer – und stärker. Und fröhlicher.

Lisa beobachtet ihn von unten. Sie sagt nichts. Sie weiß, dass Jakob sie rufen würde, wenn er sie braucht. Sie sieht, dass Jakob seine eigenen Grenzen gut spüren und auf sich aufpassen kann. Sie fühlt ein großes Vertrauen.

Jakob ist nun wieder beim Steuer angekommen und lenkt das Schiff durch das große Meer. Auch Bente und Franka sind jetzt auf dem Weg nach unten. Aber was ist das? Noch bevor sie die Insel erreichen taucht ein Piratenschiff auf! Sie weichen den Angriffen geschickt aus. Am Ende wirft eine große Welle das Schiff noch fast um – puh, das ist gerade nochmal gutgegangen.

Jetzt ist die Insel schon ganz nah! Sie lassen den Anker herunter und klettern vom Segelschiff herunter.

Erschöpft lassen sich alle in den Sand fallen. Dort treffen sie zwei sehr außergewöhnliche Inselbewohnerin-

nen, die sie sogleich zu einer Runde exotischer Apfelstückchen einladen.

Dann machen sie sich wieder auf den Weg nach Hause.

Wisst ihr, wo hier in der Nähe gute Kletterbäume sind?

Könnt ihr gut einschätzen, wie hoch ihr in einem Baum klettern könnt?

Kennt ihr auch Erwachsene, die Angst haben, wenn ihr etwas ausprobieren wollt?

Was beschäftigt euch noch an der Geschichte?

Reflexion

Zwei Mütter

Heute haben viele Kinder zwei Mütter oder zwei Väter: Menschen, die sich lieben und miteinander ein Kind (oder mehrere) im Aufwachsen begleiten. Wenn die zuhörenden Kinder dazu eine Frage haben, kann die Geschichte dazu einladen, mit ihnen darüber ins Gespräch zu kommen. Gibt es Verwunderung? Ist es für andere wiederum ganz selbstverständlich? Kann sich das jemand auch gar nicht vorstellen? Dann können wir deutlich machen, dass zwei Mamas oder zwei Papas ganz genauso gute und ‚richtige' Eltern sind, wie Mama und Papa oder zum Beispiel auch Papa und die neue Freundin oder nur die eine Mama, mit der das Kind lebt.

Wir können auch darüber sprechen, dass es unfair ist, dass es in den meisten Kinderbüchern immer eine Mama und einen Papa gibt, auch wenn es in Wirklichkeit noch viele andere Möglichkeiten gibt, wer alles gemeinsam Eltern sein kann.

Freundschaften und Freundinnenschaften

Die Geschichte bietet Gelegenheit darüber nachzudenken, wie wir uns mit den Menschen fühlen, die wir Freund oder Freundin nennen. Jüngere wie ältere Menschen können dieses Thema wunderbar teilen. Kann ich bei meinen Freunde und Freundinnen ganz ich selbst sein? Oder habe ich Angst, dass sie über mich lachen

könnten oder mich anders haben wollten? Spiele ich manchmal ein bisschen Theater, um jemandem zu gefallen? Was wünsche ich mir von Freunde und Freundinnen?

Und Achtung: Unsere erwachsenen Bewertungen und Ratschläge sind hier nur dann gefragt, wenn wir danach gefragt werden!

Dafür bist du noch zu klein!

Kennen die zuhörenden Kinder diesen Satz? Wird ihnen manchmal etwas nicht erlaubt oder erklärt, weil sie angeblich zu jung dafür seien? Wie fühlen sie sich dann? Was denken sie darüber?

Sagen wir selbst manchmal: „Dafür bist du noch zu klein? Das verstehst du noch nicht? Das kannst du erst machen, wenn du älter bist?“ Was macht das mit den Kindern? Was haben wir als Erwachsene davon?

Erleben wir uns als Erwachsene manchmal dabei, dass wir Kinder dem Alter nach einteilen und ihnen bestimmte Fähigkeiten zuschreiben oder abschreiben? Was hat das für Auswirkungen?

Wie selbstverständlich ist das in unserer Gesellschaft und wie oft wird es den einzelnen Menschen nicht gerecht?

Auseinandersetzung im Team:

Sortierung nach Alter

Die Geschichte kann dazu einladen, im Team über die Sortierung nach Alter in den Strukturen und der Praxis der Einrichtung zu

sprechen:

Wo überall nehmen wir das Alter des Kindes zum Ausgangspunkt von Entscheidungen?

Wo empfinden wir diesbezüglich Unbehagen beziehungsweise wo halten wir es eigentlich für nicht so sinnvoll?

Wie reagieren die Kinder darauf? Nehmen wir Beschwerden wahr?

Was möchten wir gerne verändern?

Wie sehr beeinflusst das Wissen um das Alter des Kindes (unbewusst und ungewollt) unseren Umgang mit dem konkreten Menschen? Inwiefern spielen dabei Bewertungen und Vergleiche eine Rolle? Welche Auswirkungen kann dies für die Kinder haben? Worauf möchten wir mehr achten?

Panik

Lisa, die Mutter, gerät in einer Variante der Geschichte angesichts der Kletterkünste von Jakob in Sorge und Panik. Kenne ich einen solchen Zustand in meinem (professionellen) Alltag? Wie fühlt sich das körperlich an? Wie reagiere ich dann?

Welche Auswirkungen hat das auf die Kinder?

Wie kann ich persönlich Verantwortung für meine Sorgen und Panik übernehmen?

Was kann mir in solchen Situationen helfen?

Die zweite Variante beschreibt einen bewussten Umgang mit den (in der Variante allerdings viel weniger überwältigenden) Sorgen von Lisa. Ihre Beobachtung, dass die Kinder konzentriert klettern und ihre Grenzen wahren, hilft ihr, aus der aufkommenden Angst auszusteigen. Sie entscheidet sich dafür, in der Nähe zu bleiben. So kann

sie ihr eigenes Gefühl immer wieder mit ihren Beobachtungen abgleichen. Und sie könnte unterstützen, falls eines der Kinder sie darum bitten würde. Sie sagt nichts dazu, weil sie nicht möchte, dass die Kinder verunsichert werden oder ihre Beobachtung als Kontrolle empfinden.

Unterstützung durch (ältere) Kinder

Franka und Bente unterstützen Jakob. Sie mischen sich ein, drücken ihr Vertrauen ihm gegenüber aus und sprechen ihre Kritik an Lisas Verhalten aus. Kennen die zuhörenden Kinder solche Situationen, in denen (ältere) Kinder sie in Konflikten mit Erwachsenen unterstützen? Unterstützen sie selbst (jüngere) Kinder, wenn ihnen das Verhalten von Erwachsenen ihnen gegenüber unangenehm ist? Was hält sie vielleicht auch davon ab?

In einem solchen Gespräch erzählen die Kinder möglicherweise auch von Situationen, in denen Kinder sich eher auf die Seite der Erwachsenen gestellt haben und andere (jüngere) Kinder vielleicht ausgelacht haben oder als „Baby“ oder „zu klein“ bezeichnet haben.

Wie können wir in solchen Situationen am Besten unterstützen?

Für uns als Begleitpersonen ist es dabei hilfreich, im Hinterkopf zu haben, wie ältere Kinder auf diese Weise von Adultismus profitieren.

Im Gespräch ist es vor allem wichtig, die durch solche Aussagen oder fehlende Unterstützung ausgelösten Gefühle zu begleiten.

Hier kann auch gemeinsam überlegt werden, wie Kinder sich gegenseitig mehr unterstützen können. Wie können sie sich auch trauen, gegenüber Erwachsenen „Stop“ zu sagen, wenn ihnen deren Verhalten unangenehm oder ungerecht erscheint?

Fisch und Aufräumen

„Ich gehe schon zu Vera aufs Sofa!“, ruft Saleh und rennt aus dem Badezimmer in den Gruppenraum. Jumi und Mio spucken die Zahnpasta in einem weiten Bogen ins Becken und beobachten noch ein bisschen, wie der lustige Schaumgeist mit dem Möhrenstückchenauge langsam und glibberig in den Ausguss läuft.

Dann kuscheln auch sie sich auf das Sofa zu den anderen Kindern und hören Vera, der Erzieherin, beim Vorlesen zu.

Als die Geschichte zu Ende ist, zieht Jumi schnell die Augenklappe aus der Hosentasche und ruft: „Au Backe! Oh Backe! Piratenattacke!“ Dann greift sie sich das Vorlesebuch als Diebesgut und rennt zum großen Piratenschiff. Saleh und Mio flitzen schnell wie der Blitz hinterher.

„Da haben sie sich aber erschreckt!“, lacht Jumi mit Extra-Piratinnenstimme.

In ihrem selbst gebauten Piratenschiff zwischen Stühlen und Kissen ist es unter der gespannten Kuscheldecke ganz dämmrig und die Stimmen der anderen Kinder klingen fern. „Wohin segeln wir als nächstes?“, überlegt Saleh laut und schaut dabei auf die Piratenkarte, die sie gestern gemalt haben.

Da schauen von rechts und links Augen in ihre Kajüte. „Dürfen wir mitspielen?“, fragen ein paar Kinder fröhlich. Nur eigentlich ist nicht genug Platz für noch mehr Menschen in ihrem Schiff.

„Wir könnten doch die Tiere sein, die im Meer leben und wir können uns treffen und gegenseitig besuchen!“, schlägt da Maika begeistert vor. „Ja, oder wir sind eine befreundete Piratenbande!“, ruft Marla.

Und bald sind fast alle Kinder gemeinsam in einem großen Spiel. Ein zweites Schiff wird im Nebenraum für eine zweite Gruppe von Piraten und Piratinnen gebaut. Aus der Kuschelecke entsteht eine einsame Schatzinsel, die von zahlreichen Delphinen beschützt wird. Unter Tischen, hinter Regalen und neben dem Sofa entstehen Höhlen und Schlupflöcher mit Decken, Tüchern und Kissen. Es werden Perlenschätze versteckt und Schatzkarten gemalt. Der ganze Kindergarten wimmelt nur so von glucksendem Lachen und fröhlichem Geblubber. Auch ein riesengroßer

schillernder Fisch spielt mit, der die Kinder auf ihren Reisen zwischen den Höhlen, Schiffen und Inseln im Meer begleitet.

Manchmal gibt es auch Streit, zum Beispiel weil Mio gerade genau das gleiche Tuch benutzen will wie Marla, oder weil Jumi immer am Steuerrad stehen möchte und nicht abwechseln will. Aber sie finden immer eine gute Lösung und schon kann das Spiel weitergehen.

Gerade als sie ein versunkenes Schiff entdecken, ruft Vera, die Erzieherin: „Gleich gibt es Obst und danach gehen wir raus. Ihr könnt noch ein bisschen weiterspielen, aber gleich werden wir euch bitten, mit dem Aufräumen anzufangen."

„Aufräumen!? Neeeeiiiin", rufen mehrere Kinder gleichzeitig. Jumi ist entrüstet: „Wir wollen aber weiterspielen!" Mio zieht die Augenbrauen zusammen: „Ich will nicht aufräumen. Immer aufräumen. Das ist so blöd!"

Vera hat es gehört: „Ja, das kann ich gut verstehen, dass ihr gerade nicht aufhören wollt, und auch, dass ihr nicht aufräumen wollt", sagt sie verständnisvoll. „Es ist ja auch noch Zeit. Ich will nur, dass ihr wisst, dass wir später rausgehen." Dann geht sie wieder an den Tisch zu den Äpfeln und Nektarinen, die sie gerade schneidet und

es sieht so aus, als würde sie wirklich gerade nichts mehr zum Thema Aufräumen sagen.

Also stürzen sich Mio und Jumi wieder in das große Meer und bringen den Schatz aus dem versunkenen Schiff in ihr Versteck. Vera und das Aufräumen sind bald wieder ganz vergessen. Bis auf einmal neben dem Piratenschiff Veras Stimme erklingt: „Ihr alle, jetzt bitte ich euch, mit dem Aufräumen anzufangen!"

Im Nachbarraum erklingt schon das Aufräumlied: „Aufräumzeit, es ist soweit!" Saleh und ein paar andere Kinder bringen auch schon die ersten Tücher und Decken zum Regal.

Mio und Jumi sitzen stumm bei ihrem Schatz unter Deck. Sie sind traurig, dass das schöne Spiel nun aufhören soll. Und wütend sind sie auch. Warum kann die Erzieherin einfach entscheiden, dass sie jetzt alle rausgehen müssen?

Nach einer Weile kommt Vera zu ihnen und lächelt: „Na, ihr beiden?! Ihr habt immer noch keine Lust aufzuräumen, oder?" „Nein", rufen die beiden wütend.

„Ja, das kann ich verstehen", sagt Vera und nickt. Und dann denkt sie kurz nach und sagt „Wisst ihr, mir ist es wichtig, dass alle Kinder aufräumen helfen, die bei dem großen Spiel mitgespielt haben. Auch dann, wenn sie

keine große Lust dazu haben. Wenn wir es alle gemeinsam machen, ist der Raum ganz schnell wieder frei und ihr könnt morgen wieder alle Materialien für ein neues Spiel benutzen. Wir sind doch ein starkes Team! Macht bitte mit!“

Jumi krabbelt aus dem Versteck und schaut sich das ganze große Aufräumgewusel an. Es sieht fröhlich aus, wie die Kinder da zusammen aufräumen. Saleh packt gerade die ganzen Spielzeugschiffe auf eine Decke und will sie zum Schrank ziehen, da kommt Maika dazu und springt auf die Decke. Sie ruft: „Nimm mich mit! Ich will auch Schiffe kaputtmachen!“ Jumi lacht. Sie schnappt sich die Schatzkiste, springt zu Maika auf die Decke und „fährt“ mit in den anderen Raum. „Klack, Klack, Klack“, sortieren viele Kinder die verschiedenen Materialien in die unterschiedlichen Kästen.

Mio sitzt noch immer unter Deck und sagt nichts. Er schaut aus einem kleinen Fenster auf das emsige Treiben. „Nein“, sagt er nochmal leise. „Ich will nicht!“

Geht es euch manchmal auch so wie Mio?

Was denkt ihr, sagt die Erzieherin jetzt?

Wie wünscht ihr euch das Ende der Geschichte?
Was wäre eine gute Lösung?

Variante 1

Vera sagt: „Nee, Mio, das geht so nicht! Jetzt reicht es mir!“ Sie zieht Mio aus dem Versteck hervor und setzt ihn grob vor dem Haufen von Tüchern, Stühlen und glitzernden Steinen ab. „So, das ist jetzt deine Aufgabe, das alles aufzuräumen. Los geht's!“

Wie fühlt sich Mio jetzt?
Meint ihr, er räumt jetzt auf?

Mio fühlt sich klein. Und er hat ein bisschen Angst. Vera hat sehr laut gesprochen und ihn ziemlich feste am Arm gepackt. Das tut weh. Unsicher schaut er Vera von der Seite an: Was sie wohl machen würde, wenn er jetzt nicht aufräumt?

Schnell schnappt er die Tücher, legt sie hastig zusammen und stopft sie in den Schrank. Dann pfeffert er die Steine in die kleine Kiste aus Holz. Jetzt merkt er auch die Wut in sich. So macht Aufräumen keinen Spaß.

Habt ihr schon einmal erlebt, dass euch eine erwachsene Person wehgetan hat? Oder dass ihr Angst hattet vor ihr oder ihm?

Seid ihr auch manchmal wütend, wenn ihr etwas tun müsst und eigentlich nicht möchtet?

Wie könnte die Geschichte ganz anders sein?

Welche andere Lösung kann es geben, wenn Kinder nicht aufräumen möchten?

Wie wäre es, wenn Mio heute gar nicht aufräumt?

Variante 2

Vera bleibt geduldig neben dem Schiff sitzen. Nach einer Weile fragt sie: „Weißt du, was du am Aufräumen gerade nicht magst?“ Mio überlegt ein bisschen und sagt dann laut: „Ich will selbst entscheiden, ob ich weiterspielen oder rausgehen will.“

Vera ist für einen Moment ganz nachdenklich. Dann sagt sie: „Ja, Mio, das kann ich sehr gut verstehen. Ich habe euch gar nicht gefragt und die Entscheidung einfach so getroffen, wie es für mich praktisch ist. Ich kann gut verstehen, dass dich das wütend macht. Ich finde es selbst

nicht gut so. Wirklich! Weißt du was, ich spreche mal mit den anderen Erziehern und Erzieherinnen und wir überlegen, wie wir das machen können, dass ihr mehr selbst entscheidet, ob ihr rausgehen oder weiterspielen wollt."

Mio ist überrascht! Und total erleichtert. Er klettert aus dem Schiff heraus und schaut Vera an. Sie scheint das wirklich ernst zu meinen. „Gut", sagt Mio fröhlich und beginnt dann in aller Ruhe, das Schiff abzubauen.

Als alle fertig aufgeräumt haben und Mio neben Jumi und Saleh in der Garderobe sitzt, flüstert er den beiden zu: „Wollen wir gleich draußen auf dem Klettergerüst weiterspielen? Ich erzähle euch ein Geheimnis!"

Was will Mio Jumi und Saleh erzählen?

Könnt ihr selbst entscheiden, ob ihr rausgehen wollt oder nicht?

Gibt es etwas, was ihr gerne öfter selbst entscheiden würdet?

Reflexion

Die Geschichte berührt mehrere komplexe Themen, die in Familie und pädagogischer Praxis alltäglich vorkommen und die für die Kinder mit eigenen Erfahrungen und Ideen verbunden sind. Die Geschichte enthält daher besonders viele Vorschläge für Fragen, die den Prozess des Austausches mit den Kindern in einer bestimmten Reihenfolge ermöglichen können. So kann es etwa sinnvoll sein, die Themen Gewalt und Aufräumen direkt im Anschluss an die erste Variante zu thematisieren, da durch die zweite Variante das Thema Partizipation für die Kinder in den Vordergrund rückt. Selbstverständlich ergeben sich die Themen letztlich vor allem im direkten Gespräch mit den Kindern!

Körperliche Gewalt

Vera, die Erzieherin, zieht Mio aus dem Versteck heraus, um ihn zum Aufräumen zu bringen.
Ist es mir persönlich mal passiert, dass ich körperliche Gewalt anwende, um etwas durchzusetzen?
Wie habe ich mich danach gefühlt? Wie bin ich damit umgegangen?

Haben die zuhörenden Kinder schon einmal erlebt, dass sie gegen ihren Willen hochgenommen, weggetragen, irgendwohin gezogen oder am Arm gepackt wurden?

Die Geschichte bietet die Möglichkeit, den Kindern einen Raum zum Erzählen zu eröffnen und ihnen zuzuhören. Dabei sollte das Ver-

halten der konkreten Erwachsenen, die im Alltag der Kinder Gewalt angewendet haben, nicht gerechtfertigt werden. Die Aufmerksamkeit liegt vielmehr auf den Gefühlen des Kindes. Mitfühlende Nachfragen können helfen, dass das Kind sich gehört und verstanden fühlt. „Und das hat dir weh getan, oder? Hast du dich erschreckt?“

Im Laufe des Gesprächs scheint es mir wichtig, dass sich die erwachsene vorlesende Person deutlich positioniert und sagt, dass sie es nicht in Ordnung findet, wenn Kinder Gewalt erfahren und dass es Gesetze dazu gibt, die Erwachsenen verbieten, Kindern wehzutun. Wir können auch dazusagen, dass es uns und anderen trotzdem manchmal passiert und dass wir lernen wollen, andere Wege zu finden.

Auseinandersetzung im Team:

Körperliche Gewalt

Die Geschichte kann auch dazu anregen, im Team über die Momente zu sprechen, in denen wir selbst Gewalt gegenüber den Kindern angewendet haben.

Vielleicht hat wer mal ein Kind gewickelt, ohne dass es einverstanden war? Vielleicht hat jemand ein Kind am Arm festgehalten, während er oder sie mit ihm schimpfte? Oder es schnell aus dem Raum getragen, wo es gestört hat? Vielleicht wurde niemand verletzt, aber es war dennoch eine körperliche Handlung, die gegen den Willen der jüngeren Person stattgefunden hat.

Wenn Menschen in einer Teamsitzung eingeladen sind, darüber zu sprechen, ist es wichtig, dass es eine Atmosphäre des Vertrauens gibt, in der alle Kolleginnen und Kollegen ehrlich erzählen können, ohne Angst zu haben, dafür verurteilt zu werden.

Gemeinsam kann dann reflektiert werden, wie wir Erwachsenen von solchen Handlungen profitieren. Was haben wir davon? Und welche Auswirkungen hat es auf die Kinder? Welche Auswirkungen hat es auf die Beziehung?

Ein solcher Austausch kann zunächst einmal Unbehagen und Scham mit sich bringen, aber auch Erleichterung. Und er kann Mut machen, Veränderungen anzugehen. Vielleicht kann sich ein ganzes Team gemeinsam auf den Weg machen, eine Haltung gegenüber den Kindern in die Praxis umzusetzen, in denen die Selbstbestimmung und Mitbestimmung der Kinder Schritt für Schritt selbstverständlicher wird.

Aufräumen

Das Thema Aufräumen kann sehr herausfordern. Und zwar alle Beteiligten – zu Hause, in der Kindertagesstätte und in der Schule.

Die Geschichte kann dazu einladen, über verschiedenste Möglichkeiten nachzudenken, wie das mit dem gemeinsamen Aufräumen ablaufen kann.

Vielleicht kann ein Kind auch einmal gar nicht aufräumen. Vielleicht gibt es einen Aufräumwettbewerb mit den pädagogischen Fachkräften oder Eltern, die auch ganz viel Unordnung bei ihren Sachen haben, vielleicht organisieren sich die Kinder selbst und es gibt Musik dazu … Manchmal gibt es schon eine zufriedenstellende Praxis und es ist vielleicht nur eine fröhliche Spinnerei, gemeinsam mit den Kindern zu überlegen, was es alles für Lösungen geben könnte. Manchmal ermöglichen uns die Ideen der Kinder, noch einmal neu darüber nachzudenken, was uns eigentlich wichtig ist beim Aufräumen und wie wir mit den Grenzen der Kinder umgehen wollen.

Partizipation

In der Geschichte fragt Vera die Kinder nicht, ob sie nach dem Obst drinnen oder draußen spielen wollen. Sie kündigt lediglich an, dass nachher alle nach draußen gehen und lässt sich in der ersten Variante auch durch den Widerstand der Kinder nicht irritieren. Auch in vielen alltäglichen Situationen können Kinder nicht entscheiden, was sie als nächstes tun möchten.

Meist haben wir als Erwachsene gute Gründe für unsere Entscheidungen. Wir denken vielleicht, dass den Kindern frische Luft guttun würde und dass sie sich beim Aufräumen beteiligen sollten und dadurch etwas lernen können.

Damit sind viele spannende Fragen verbunden:

Darf ich als Erwachsener über Kinder bestimmen?

Erwarte ich, dass sie meine Entscheidungen akzeptieren?

Welche Botschaft erhalten Kinder, wenn sie nicht gefragt und einbezogen werden?

Wie können Kinder mehr mitbestimmen?

Wann können wir innehalten und ihre Meinung hören, und was würde es heißen, diese ernst zu nehmen?

Wie können wir gemeinsam mit den Kindern Lösungen entwickeln, die für alle gut passen?

Wir können uns nach der Geschichte fragen: Habe ich ähnliche Situationen erlebt? Wie habe ich reagiert? Wie könnte ich in einer solchen Situation anders handeln?

(Ausführliche Informationen zum Thema Partizipation finden Sie im Fortbildungsbuch ab S. 53.)

Auseinandersetzung im Team:

Partizipation

Wo kann ich Kindern mehr zuhören? Welche alltäglichen Entscheidungen will ich mehr und mehr mit den Kindern gemeinsam treffen? Wo will ich anfangen?

Welche Alternativen zum Umgang mit dem Thema Aufräumen und Rausgehen fallen uns ein?

Diese Frage kann eine erste gemeinsame Reflexion zu Partizipation in der eigenen Einrichtung ermöglichen. Dazu könnte in einer Teamsitzung die erste Variante der Geschichte gelesen werden. Danach könnten in Einzelarbeit oder zu zweit verschiedene (realistische oder fantastische) Alternativen entwickelt, aufgeschrieben und vorgelesen werden. Ein erster offener Austausch entsteht und das Team beginnt vielleicht, bisherige Selbstverständlichkeiten in Frage zu stellen.

Daran kann sich eine erste Beobachtung der alltäglichen Praxis anschließen.

Das Thema Partizipation ist eng verknüpft mit einer grundlegenden Auseinandersetzung über die Macht der Erwachsenen gegenüber Kindern, es steht und fällt mit der eigenen Bereitschaft als Elternteil, Hauptbezugsperson oder pädagogische Begleitperson, Macht abzugeben. Es ist daher hilfreich, Veränderungen in der eigenen Praxis in kleinen Schritten anzugehen und eine behutsame und tiefgreifende Reflexion durchzuführen.

Die Autorin und die Illustratorin/Gestalterin

Anne Sophie Winkelmann

ist Diplom Interkulturelle Pädagogin, freiberufliche Bildungsreferentin, pädagogische Fachkraft und Autorin.

Sie beschäftigt sich seit vielen Jahren mit gesellschaftlichen Machtverhältnissen, Diskriminierung und den Möglichkeiten kritischer Selbstreflexion und Praxisentwicklung. Zu diesen Themen bietet sie viele Fortbildungen und Workshops an.

In letzter Zeit arbeitet sie vor allem rund um das Thema erzieherische Macht und Adultismus. Außerdem begleitet sie die Kinder in einem Kreuzberger Kinderladen als pädagogische Fachkraft - und sich selbst beim Umgang mit dem Nicht-perfekt-sein.

www.adultismuskritik.de
www.machtgeschichten.de

Gaëlle Lalonde

ist freischaffende Illustratorin und Designerin. Ursprünglich aus Kanada, lebt sie seit zehn Jahren mit ihrer Familie in Leipzig.

Sie absolvierte einen Bachelor der freien Kunst an der Concordia University in Montreal, Kanada bevor sie als internationale Austauschstudentin für ein Semester nach Leipzig zur Hochschule für Grafik und Buchkunst zog. Schlussendlich entschied sie, da zu bleiben. 2013 vollendete sie ihr Diplom der Illustration und arbeitet seitdem selbstständig.

Am liebsten illustriert sie für Kinder. Die Darstellung von Vielfalt liegt ihr dabei besonders am Herzen.

www.gaellelalonde.com